人的資本経営

Human
Capital
Management

ストーリーのつくりかた

経営戦略と人材の
つながりを可視化する

How to
Create a
Story

一守 靖 [著]

Ichimori Yasushi

中央経済社

はしがき

日本では2022年を「人的資本経営元年」と位置づけ，以来，産・学・官の垣根を越えて，この取り組みを推進しています。

例えば，金融庁は有価証券報告書等に「サステナビリティに関する考え方及び取り組み」記載欄を新設し，人材の多様性の確保を含む人材育成の方針や社内環境整備の方針の記載を求めるようになりました。

こうした機運もあり，2022年11月に出版した私の前著（『人的資本経営のマネジメント　人と組織の見える化とその開示』中央経済社）は幸いにも多くの方々に読んでいただくことができました。

前著では，人的資本経営に関連する理論を整理したうえで，スイスのジュネーブに本部を置く非政府機関である国際標準化機構（International Organization for Standardization；ISO）が発行した「ISO 30414」という人材マネジメントに関する情報開示の国際規格を中心に，どのような指標についてデータを整理し，どのように組織内で活用できるのか，開示を含めた各プロセスでの注意点やポイントをわかりやすく示しました。有難いことに読者の方々からも「自社のHRダッシュボードで何を数値化して観察すべきか，という課題に対するヒントが数多く載っていましたので大変参考になりました。大手企業で見るべき指標だけでなく，中小企業やスタートアップでも使える指標も多く，切り口も，採用，人材開発，組織開発，タレントマネジメント，報酬，健康経営など幅広い視点の指標が概要だけでなく具体的な数字の取りかたなどの事例も交えて掲載されていました」といったコメントを多数いただきました。

とはいえ，人的資本経営をより多くの日本の企業に広め，根付かせるためにはまだまだ解決すべき点があります。

非常に多くの企業が現在も悩んでいる点は，経営戦略と連動した人事戦略の立案，人事施策の導入，ならびに人的資本の指標の選択および目標について考えること，言い換えれば，「自社の持続的成長につながる人的資本経営ストーリーの作成」であると思われます。

人的資本経営を推進しようとしている経営者や担当者の方々は、「経営戦略」と「人事戦略」を連動させる必要性については耳が痛くなるほど聞かされていると思いますし、理解もしているはずです。しかしながら、それをどのようにつなげて表現すれば良いのかについてのノウハウが欠けているだけなのです。

　本書は、私が講演や勉強会、研究ワーキンググループなどの活動を通して関わってきた、人的資本経営に熱心に取り組んでおられる多数の企業から学んだ経験をもとに、「経営」と「ヒト」をつなげる考え方についてご紹介しています。

　本書の主な想定読者は、人的資本経営を推進する経営層、あるいは人事部門・IR部門・経営企画部門などに所属するビジネスパーソン、人的資本経営を運営するミドルマネジャー、企業の人的資本経営を評価する立場の投資家、求職者、人的資本経営を学びたい学生です。

　読者の皆さんの多様なニーズにお応えするために、本書はどの章からでもお読みいただける構成にしています。企業の事例から読んでいただいても結構ですし、人的資本の開示の留意点から目を通していただいても構いません。

　私が勤務する経営大学院では、理論に裏付けられた、実務に役立つ学問を教育・研究しています。本書にも同じ期待をしています。

　本書を通して、人的資本経営の取り組みがより多くの企業に広がり、各企業が自社を持続的成長に導く独自の「人的資本経営ストーリー」を作成できるようになれば非常に幸いです。

　2024年7月

新潟駅南の勤務先にて

一守　靖

目　次

はしがき　*i*

第 1 章

人的資本の開示はもっと進化できる —————— *1*

1　日本企業における人的資本開示の実態 ······················· *1*

2　欧米企業の人的資本開示はどのくらい進んでいるのか ·············· *5*

3　人的資本の測定と開示の考え方 ···························· *7*

4　人的資本の開示を行う際の留意点 ·························· *9*

　(1)　開示対象を意識した媒体と内容の選択を行う／*9*

　(2)　人的資本の指標は 2 つの見方から選択する／*10*

　(3)　人的資本開示のカギは信頼性と一貫性／*12*

　(4)　有価証券報告書にも「人的資本経営ストーリー」を／*12*

5　本書の構成 ······································ *13*

第 2 章

人的資本経営モデル —————————————— *15*

1　人的資本経営モデル ································· *15*

2　人的資本経営と企業の存在意義 ························· *16*

3　人的資本経営と企業文化 ···························· *17*

4　個を強くする ···································· *19*

5　個と個をつなぐ ·································· *21*

II

6　すべてをつなげる ……………………………………………… *25*

第 3 章
人的資本経営キャンバス ——————— *29*

1　人的資本経営キャンバスとは ………………………………… *29*
2　人的資本経営キャンバスの使い方 …………………………… *34*
3　人的資本経営キャンバスの書き方 …………………………… *36*
　⑴　「企業の存在意義」欄／*37*
　⑵　「企業文化」欄／*38*
　⑶　「企業を取り巻く環境」欄／*39*
　⑷　「経営戦略」欄／*41*
　⑸　「人事戦略」欄／*42*
　⑹　「人材マネジメント上の課題あるいは方向性」欄／*44*
　⑺　「人材マネジメント施策」欄／*45*
　⑻　「人的資本指標」欄／*46*
4　人的資本経営ストーリーの検証 ……………………………… *52*

第 4 章
人的資本経営キャンバスの作成事例 ——————— *55*

1　ANAホールディングス株式会社 ……………………………… *57*
2　SCSK株式会社 ………………………………………………… *74*
3　株式会社神戸製鋼所 …………………………………………… *93*
4　サッポロホールディングス株式会社 ………………………… *109*
5　BIPROGY株式会社 …………………………………………… *126*
6　株式会社りそなホールディングス …………………………… *144*

目　次　*III*

第 5 章
事例から学ぶ人的資本経営を進めるためのポイント── *161*

1　人的資本経営の共通点 ……………………………………………… *161*
　(1)　人材育成の重視／*162*
　(2)　ダイバーシティ＆インクルージョン（DE&I）／*163*
　(3)　イノベーションへの投資／*163*
　(4)　健康経営の強化／*163*
　(5)　柔軟な働き方の導入／*164*
　(6)　社会的責任の履行／*164*
2　業界の特性が人的資本経営に与える影響 ………………………… *165*
3　企業の存在意義や文化の違いが人的資本経営に与える影響 …… *166*
4　事例から学べる人的資本経営のポイント ………………………… *169*
　(1)　経営戦略と人事戦略の連動／*169*
　(2)　組織文化と価値観の共有／*170*
　(3)　創発の場づくり／*171*
　(4)　社員エンゲージメントの重視／*171*
　(5)　経営陣のリーダーシップ／*172*
　(6)　人事部門のリーダーシップ／*173*

第 6 章
人的資本の開示はこれからどうなるのか ───────── *175*

1　第三者認証の動き …………………………………………………… *175*
2　人的資本の開示にあたってのポイント …………………………… *179*

あとがき・*184*

参考文献・*187*

第 1 章

人的資本の開示は
もっと進化できる

1　日本企業における人的資本開示の実態

　我が国では，上場企業に対して2023年 3 月末以降に終了する事業年度に係る有価証券報告書から，人的資本についての情報を開示することが求められるようになりました。

　日本生産性本部（2023）は，2023年 3 月末決算の東証プライム企業のうち2023年 6 月30日時点で開示があった1,225社を対象として人的資本に関して各社が有価証券報告書に記載した文字分量の調査を行いました。その結果，記載文字数には大きなバラつきがあり，全体平均は2,095字，約半数近くの企業が1,500字未満という実態がわかりました（**図表 1 - 1**）。

　公表はこの年が初めてだったということもあり，各企業の担当者はその記述にとても頭を悩ませたようです。私は，有価証券報告書への記載を担当した人事部門の方々に話を聞いてみました。すると，あまり量を書きすぎてもそれが規定値となり翌年以降に自分たちの首を絞めることになる，そんな心配をしたという話も伺いました。

　もちろん文字数が多ければ良い，ということではありません。しかし，せっかく良い取り組みを行っていても，それを十分に説明できていないとすればもったいない話です。

　現在多くの人事担当者が共通した 2 つの悩みを抱えています。 1 つめは，自

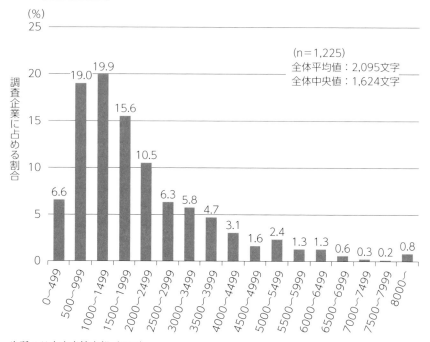

図表1-1　有価証券報告書における人的資本についての記載文字数

出所：日本生産性本部（2023）

社の経営戦略と人事戦略が連動した"その企業らしい"人材マネジメントの取り組み，すなわち「人的資本経営ストーリー」をどのように構築すべきか，という悩みです。そして2つめは，その「人的資本経営ストーリー」を，開示対象を意識しながら統合報告書や有価証券報告書，企業のホームページなどの媒体を使ってどのように開示すべきか，という悩みです。

人的資本経営が注目され始めた背景と現状

　人的資本経営に関する定義は様々ですが，経済産業省による「**人材を資本として捉え，その価値を最大限に引き出すことで，中長期的な企業価値向上につなげる経営のあり方**」という定義が多くの企業に参照されているように思います。

　「人的資本」という概念は，もともと労働市場を対象にした労働経済学の概

念ですが，いま「人的資本」という概念が注目を集めているのは，主に投資家がこの領域に対する関心を高めたことに端を発しています。なぜ投資家が「人的資本」に注目し始めたのでしょうか。

理由の1つめは，SDGsの動きとESG投資の拡大です。

2015年に国連が，我々人類が地球で持続的成長を遂げるためのSustainable Development Goals（SDGs：持続可能な開発目標）を発表しました。この動きに合わせて，ESGの観点に配慮して投資判断を行うESG投資が拡大し続けており，したがって企業は，社会的責任を果たすうえでも，自社の企業価値を向上させるうえでも人的資本を含むESGへの取り組み強化を余儀なくされています。

理由の2つめは，投資家が投資先を選定あるいは評価する際に参照する情報の変化があります。

私の前著，「人的資本経営のマネジメント　人と組織の見える化とその開示」では，企業の財務実績によって予測できた企業価値の割合が1990年以前の75%〜90%から1990年以降には50%程度にまで低下したというニューヨーク大学ビジネススクールの調査を紹介しましたが，その傾向はさらに強くなっています。近年の調査では，ニューヨーク証券取引所，NASDAQなどに上場している企業のうち代表的な500企業の時価総額に占める無形資産の割合が1975年には17%だったものが，2020年には90%を占めるようになっているという結果も報告されています（OCEAN TOMO, 2020）。このように，投資家にとって企業価値を測るうえで伝統的な財務情報以外の要素である「無形資産」がますます重要になっているという現実があります。この無形資産の中核にあるのが，人的資本です。

ESG投資はこのまま増加し続けるのか，と疑問に思う方がいるかもしれません。実際，2023年11月29日の日本経済新聞に，2022年の世界のESG投資額が2020年比14%減の30.3兆ドル（約4,500兆円）だったという記事が紹介されました。この減少は，2012年の調査開始以降初めてであり，「グリーンウオッシュ（見せかけだけの環境対応）」批判や運用成績の悪化が目立つ米国で半減したとしています。しかし同記事によれば，日本と欧州では依然として高い伸びを見せており，特に日本は49%増の4.2兆ドルに達したといいます。**この傾向から考**

えて，日本企業に対する無形資産，中でも人的資本の開示への期待はこれまで以上に高まるものと思われます。

人的資本経営と業績の関係

人的資本経営と企業業績との関係については，いまだ定説といえるまでのものはないようです。

ブルームなど（Bloom et al., 2013）ように，マネジメントに業績改善効果があることを示す研究もありますが，相関関係はあるものの因果関係があるとまでは言えないという指摘が多いというのが現実です（Tanaka et al, 2022）。

最近の調査としては，日本生産性本部（2023）が東証プライム企業1,834社のうち，2023年3月末決算かつ同年6月30日時点で有価証券報告書が開示されていた1,225社の人的資本に関する取り組みについての自由記述内容を分析した調査があります。この調査では，人的資本に関する取り組みについて有価証券報告書に記述されたテキスト文字数をその熱心さの代替指標として用い，この指標と各社のPBR（株価純資産倍率）の高低との関係に着目しましたが，統計的に有意な関係は認められませんでした（浅野・一守，2023a）。

そもそも人的資本経営というのは単独で何か特定の経営のやり方があるというのではなく，様々な要素から構成される概念です。人的資本経営を構成する要素には，採用・配置，人材育成，評価・報酬など様々なものがあります。それぞれの要素別にみれば，良い取り組みが社員のモチベーションを高め，社員の行動に影響を与え，それが企業業績の向上につながった，といった類の研究は数多くあります。それでもなお，企業業績の向上に寄与しているかどうかについては疑問の声が多いのも事実です。

しかしながら，筆者が早稲田大学の沼上幹教授とお会いした際に，教授が，人的資本経営と企業業績との関係を証明するのは難しいとしながらも，人材投資を継続する重要性を主張されていたことがとても印象に残りました。

"人への投資というのは途切れさせてはいけません。人間というのは，一度行動を中断すると，新たな行動パターンを確立する必要があり，これが再開を難しくしたり，再開しても効果が出なくなったりする要因となります。組織における人材の育成も同じことがいえます"

人的資本の開示と業績の関係

人的資本経営と企業業績との関係についてさらなる研究の蓄積に期待すると
ころですが，一方で海外では，**人的資本の開示そのものが業績に好影響を与え
ている，という研究があります。**

エルバナンとファルーク（Elbannan & Farooq, 2016）は，1997年から2012
年の間に欧州の32の市場に対して調査を行い，人的資本を自発的に開示してい
る企業はそうでない企業よりも株価と株価収益率を向上させていたことを把握
しました。

また，全米産業審議会（The Conference Board）は2020年2月に発行した
報告書で，人的資本の情報を組織の意思決定の際に定期的に使用している組織
は，使用していない組織より高い業績をあげているという調査結果を発表して
います。

2　欧米企業の人的資本開示はどのくらい進んでいるのか

人的資本の開示の流れは，欧米に端を発しました。

スイスのジュネーブに本部を置く非政府機関である国際標準化機構（Inter-
national Organization for Standardization；ISO）は2018年12月に「ISO 30414」
という国際規格の1つとして「人材マネジメントに関する情報開示のガイドラ
イン（Human resource management — Guidelines for internal and external
human capital reporting）」を発行し，世界中の企業がこれを参照しています。

またアメリカでは，機関投資家から企業に対する人的資本の開示要求が高ま
り，これを受けて米国証券取引委員会（SEC）は，2020年8月に上場企業に対
して人的資本の情報開示を義務づけると発表し，同年11月から義務化されまし
た。

ところで，欧米企業の人的資本開示はどのくらい進んでいるのでしょうか？

私は，「人的資本経営ストーリー」の構築と人的資本の開示に関しては，欧
米企業が日本企業と比べて，一般的に考えられているほど大きく進んでいると
いうことはないように感じています。

例えば，全米産業審議会（The Conference Board, 2022）における人的資本経営に関する議論では，次のような点が指摘されています。

- ・人的資本の分析は，単なる記述的な分析（人数，トレーニング時間，雇用単価など）を超える分析はあまり進んでいない。
- ・企業は，義務付けられた報告要件を超える要素を含む「人的資本経営ストーリー」をいま構築すべきだ。

イギリスでも，イギリス人事教育協会（CIPD：The Chartered Institute of Personnel and Development）が，2023年に次のような内容のレポートを発表しています（CIPD, 2023）。

- ・近年，企業における非財務指標の重要性は高まっており，今後もさらに高まることが予想される。
- ・単に収集されただけのデータと，しっかりと内容が吟味されたデータには大きな隔たりがあり，明確な目的や結果がないまま多くの情報が収集され，ビジネスの意思決定に活用されていない実態に対して大きな懸念を人事部門が抱いている。
- ・企業のリーダーは，人的資本経営がビジネスの成果に与えている影響が不明確な点に不満を持っている。それは，受け取る人的資本の情報が不十分であったり，人的資本経営のストーリーが欠如していたりするからである。

こうしてみると，**日本よりもかなり早くから人的資本経営に取り組んだ欧米でも，まだまだ現在の我が国の企業と同じようなチャレンジに直面している**様子が窺えます。

言い換えれば，**数十年遅れて人的資本経営という概念に注目しはじめたといわれる日本企業は，今からでもこの分野で世界に存在感を示すことが可能である**るといえるのではないでしょうか。

3　人的資本の測定と開示の考え方

　人的資本に関して企業が開示すべき情報は，①政府が開示要求する人的資本の指標，②自社の持続的成長につながる人的資本経営ストーリー，の2つに大別できます。

①　政府が開示要求する人的資本の指標

　これまで我が国において，人的資本の開示に関連して2つの大きな指針が示されました。

　1つめは，2022年8月30日に公表された内閣官房・非財務情報可視化研究会による「人的資本可視化指針」です。

　本指針では，「開示が望ましい項目」として，「リーダーシップ」，「育成」，「スキル／経験」，「ダイバーシティ」，「賃金の公平性」などの19領域が示されました。また，各領域の開示項目については，それが自社の企業価値向上につながる指標なのか，企業の経営リスクを管理するための指標なのか，また，他社との比較で評価すべき指標なのか，企業独自で評価すべき指標なのかを検討すべきであるといった考え方が示されています（**図表1－2**）。

図表1－2　開示項目の階層

開示事項の例																		
育成			エンゲージメント	流動性			ダイバーシティ			健康・安全			労働慣行					コンプライアンス／倫理
リーダーシップ	育成	スキル／経験		採用	維持	サクセッション	ダイバーシティ	非差別	育児休業	精神的健康	身体的健康	安全	労働慣行	児童労働／強制労働	賃金の公正性	福利厚生	組合との関係	

「価値向上」の観点　　　　　　　　　　　　　　　　　　　　　「リスク」マネジメントの観点

出所：内閣官房・非財務情報可視化研究会（2022）「人的資本可視化指針」

　この指針には，企業が測定すべき人的資本の指標が具体的に指示されているわけではありません。ここで重要なのは，指針を参考にしながら企業がそれぞれの業態や戦略に沿う指標を選び，明確な目的をもって運用すべきという点なのです。

2つめは，金融庁が2023年1月31日に改正した「企業内容等の開示に関する内閣府令」などです。

この改正では，有価証券報告書および有価証券届出書（以下「有価証券報告書等」）に記載すべき事項を新たに追加する内容が中心となっています。具体的には，有価証券報告書等に，「サステナビリティに関する考え方及び取り組み」の記載欄が新設され，人的資本に関する戦略ならびに指標および目標について記載することが求められました。

ここでいう戦略とは，人材の多様性の確保を含む，人材の育成に関する方針および社内環境整備に関する方針です。そして，この戦略に関連する人的資本の指標内容ならびに当該指標の目標および実績を記載するのです。

「従業員の状況」欄には，女性活躍推進法などに基づき，提出会社およびその連結子会社それぞれにおける次の3つの指標に関する開示が新たに求められることとされています（ただし，いずれも女性活躍推進法等の規定による公表をしていない場合には記載は必要ありません）。

・管理職に占める女性労働者の割合
・男性労働者の育児休業取得率
・労働者の男女の賃金の差異

なお，改正後の規定は2023年3月31日以後に終了する事業年度に係る有価証券報告書等から適用されています。

また，有価証券報告書等への記載が求められる女性管理職比率，男性育休取得率，男女間賃金格差は，女性活躍推進法と育児・介護休業法に沿った開示が求められていますので，それら関連法の確認も必要です。

②　自社の持続的成長につながる人的資本経営ストーリー

これまで説明したように，人的資本の開示には，①人的資本経営の取り組み内容の開示と，②人的資本の指標の開示，の2つがあります。このうち②の各種指標は，企業によっていくつかの選択肢があるものの，その情報開示の大枠は法律で決まっています。しかしながら，**投資家をはじめとしたステークホル**

ダーが本当に知りたがっている情報は，①人的資本経営の取り組み内容，です。人への投資を企業の持続的成長につなげる取り組み，すなわち「人的資本経営ストーリー」なのです。

4　人的資本の開示を行う際の留意点

　本節では，企業が人的資本の開示を行う際に気をつけるポイントについて，私の考えをお伝えします。

⑴　開示対象を意識した媒体と内容の選択を行う

　企業が人的資本経営の取り組みを開示する際に意識する主な対象には，投資家，社員，求職者，取引先があります。各企業における人的資本経営の取り組み全体の中でどの取り組みに関心があるかは情報の受け手によって異なります。

　また，企業が人的資本経営の取り組みを公開する際に使用する主な媒体としては，有価証券報告書，統合報告書，求人媒体，さらには自社のホームページがあります。そして，こうした媒体はおおよそのターゲット（読者）が決まっているものです。その関係を**図表1-3**に示します。

図表1-3　開示対象別にみた媒体への注目度

	投資家	社員	求職者	新規取引先
有価証券報告書	◎	△	△	○
統合報告書	◎	△	○	△
求人媒体	△	△	◎	△
ホームページ	○	◎	◎	○

◎：高い注目度（特に読まれる／見られる）
○：普通の注目度（普通に読まれる／見られる）
△：低い注目度（あまり読まれない／見られない）
出所：筆者作成

　投資家の方々は，やはり有価証券報告書と統合報告書をしっかりと読み込むことでしょう。財務データを中心として，その財務状況がこの先どうなるのか，それには何が寄与するのか，財務指標に表れていない企業の強み・弱みは何か，

競合他社と比べてこの企業に投資する価値は何か，といった視点から投資先を選定するのだと思います。そのために企業は，有価証券報告書や統合報告書には，特に経営戦略とその達成を支える人事戦略についての明確な説明が必要となりますし，それが絵に画いた餅にならぬよう，人事戦略の実行度合いを何で測るかという観点で人的資本指標を掲げるのです。

　これに対して，社員が有価証券報告書や統合報告書を熟読することはあまりないかもしれません。本当は，社員が読むと自社の経営についての理解がとても深まるのですが，読むボリュームが多いということもあってなかなか社員には読まれにくいのが現実です。代わりに社員がもっともよく見るのは，社内ホームページです。ただし社内ホームページは毎日のように膨大な情報が公開され，すぐに画面の表示順位が後ろのほうになってしまいがちであるため，情報開示後の数日間にいかに読まれるかが勝負になったりしますし，情報量が多くなるほど忙しい社員には読まれなくなるので，情報開示の際には工夫が必要になります。

　求職者の多くが参照するのは，求人媒体の記事と会社のホームページでしょう。経営戦略と人事制度の連動をしっかりと理解して入社を希望する企業の将来性を見定める人も中にはいると思いますが，求職者の多くはそれよりも事業内容や募集職種の内容，どのような人が働いているかに関心が高いでしょう。

　新規に取引先を探している企業は，視点としては投資家に近いかもしれません。ただし投資家が企業の将来を把握するために媒体を利用するのに対し，新規に取引先を探している企業は現在の財務状況や企業の取り組み，商品やサービス内容に対してより興味があるのではないかと思います。

　このように，人的資本経営の取り組みを誰に訴えたいかによって，選択すべき媒体と内容が異なってくることに留意することが必要です。

⑵　人的資本の指標は2つの見方から選択する

　先に説明したとおり，人的資本の指標には，①人的資本経営の取り組み内容の開示と，②人的資本の指標の開示，の2つがありますが，このうち②人的資本の指標の開示には，さらに2つの見方があります。

②－1　人材マネジメント施策の実施状況や活動の質を測るもの
②－2　人材マネジメント施策の実施効果を測るもの

　多くの企業において，この2つがうまく整理されていないと感じる時があります。具体例で説明しましょう。**図表1－4**は，企業の人材育成活動に関する人的資本の指標です。表の上部に掲げられている指標は，すべて人材育成活動の実施状況や質を測定するものです。例えば「研修受講者数」や「研修時間」というのは，どれだけ研修を行っているかということを見る指標であり，これ自体が目的ではありません。研修をたくさん行う目的は，恐らく表の下部にある「資格取得者数」を増やすことや，人材の内部登用率を向上させることでしょう。

　これはどちらが良い・悪いという性質のものではありません。測定の目的が異なるだけです。人材マネジメント施策の実施状況や活動の質を測る指標が予定どおりになっていなければ，企画した内容が受け入れられていないのか，導入方法に無理があるのか，十分にプログラムが認知されていないのか，といった点を疑ってみて修正を行います。人材マネジメント施策の実施効果を測る指標が目標どおりになっていなければ，打ち手自体が効いていない可能性があるので，別の方法を検討するか追加の措置を講じる必要があるかもしれません。このように，対応が異なるわけですから，指標を選定する段階でいずれの種類の指標であるかを意識しておくことをお勧めします。

（図表1－4）　人材育成に係る指標（例）とその目的

目　的	人 的 資 本 の 指 標 （例）
人材育成活動の実施状況や質を測る	（特定の）研修受講者数（率），研修時間，研修費用（全体，1人あたり），研修満足度アンケートスコア，異動者数（比率），ジョブポスティング応募者数，ジョブポスティングによる内部異動者数（率），越境社員数，タレントマネジメント実施率
人材育成活動の効果を測る	（特定）資格取得者数，社員のコンピテンシーレート，エンゲージメントサーベイの人材育成に関するスコア，社員1人あたりEBIT（売上高，営業利益など），人的資本ROI，内部登用率（管理職，重要ポジション），後継者候補の数

出所：筆者作成

⑶ 人的資本開示のカギは信頼性と一貫性

　人的資本の開示に関する企業の悩みは絶えません。その１つに，データの信頼性と一貫性があります。

　一部の企業を除いては，各種の人的資本の指標を過去の分を含めて整備していたという企業は少ないものと思われます。人的資本の指標の測定にあたっては，そのほとんどについて計算式が定められているため，あとは計算するだけのように感じるものです。しかしながら現実は，細かい点でどうすれば良いか迷うことが結構あります。これは実際に計算してみて初めてわかるものです。

　前著でも繰り返し触れましたが，人事部門は人的資本の情報を測定することに労力を割くべきではなく，注力すべきは測定した指標の動きを見ながら効果的な人材マネジメントを行うことによって人事戦略を実現し，それを通して経営戦略を達成することなのです。

　そこで，ここではHRテクノロジーを活用して，人的資本の指標収集を自動化することをお勧めします。こうすることによって，計算ミスなどの人為的なミスを防ぐことができますし，経年データを蓄積することによって情報の一貫性も担保できます。また自社の状況を世間の状況と比較することも容易になるでしょう（**図表１‒５**）。

⑷ 有価証券報告書にも「人的資本経営ストーリー」を

　日本総研の調査（2023）によれば，有価証券報告書への人的資本経営に関する情報の記載方法には，内閣府令の文言に沿った形式を含めて３パターン５分類があったそうです。

　企業の中には，人的資本経営の詳細は統合報告書の記載にまかせ，有価証券報告書にはそこまで詳しく記載しなくても良いという考えを持った企業もあったようです。しかしながら，有価証券報告書は投資家が投資判断をおこなううえで非常に重要な報告書ですので，簡潔かつわかりやすく記載することが望ましいでしょう。私も多くの有価証券報告書を読みましたが，記載パターンにかかわらず，経営戦略と人事戦略との連動についての記述があり，簡潔かつ十分な説明がされていた企業の人的資本経営ストーリーは理解しやすかったように

図表1-5　HRテクノロジーを活用した人的資本指標の測定（例）

出所：CHROFY株式会社

感じました。

5　本書の構成

　本書では，以下の内容で，読者の皆さんが経営あるいは勤務している会社にふさわしい「人的資本経営ストーリー」を考える道筋をお示ししたいと思います。

　本章に続く第2章では，人的資本経営ストーリーの根幹となる「人的資本経営モデル」についてご説明します。

　続く第3章では，自社の人的資本経営ストーリーの設計図となる「人的資本経営キャンバス」について説明します。ここでは，「人的資本経営キャンバス」とは何か，どのように使うか，どのように作成するか，について実際の企業の

実例を交えながら解説します。

　第4章では，人的資本経営に熱心に取り組んでいる企業の人的資本経営ストーリーを，「人的資本経営キャンバス」に当てはめて解説します。

　第5章では，第4章の事例から学べる人的資本経営を進めるためのポイントをまとめます。

　そして最終章となる第6章では，人的資本の開示がこれからどうなるのかについて，私の考えを述べたいと思います。

　本書は，前著『人的資本経営のマネジメント　ヒトと組織の見える化とその開示（中央経済社）』の内容と比べて，さらに実務家の方々にとって役立つ内容を心掛けました。

　皆さんが気になる企業の有価証券報告書や統合報告書などの公開情報を，この本で紹介する「人的資本経営キャンバス」に落とし込んで整理してみてください。

　そうして作成した「人的資本経営キャンバス」が，みなさんが所属する組織のものであるならば，自社の経営戦略を理解し，そのためにご自身が「資本」としてどのように企業の持続的成長に貢献できるかが理解できることと思います。

　「人的資本経営キャンバス」が，みなさんが投資する組織のものであるならば，その組織がどのような戦略で成長しようとしているのか，その成長は本当に実現できそうなのかが理解できるでしょう。

　「人的資本経営キャンバス」が，みなさんが入社を希望する組織のものであるならば，その組織がどのような戦略で成長しようとしているのか，みなさんがやりがいを持って働ける場なのかが理解できるでしょう。

　本書が，人事部門，経営企画部門，IR部門などのビジネスパーソン，経営層，各部門のミドルマネジャー，経営学を学ぶ学生にとって「使える本」になれたなら，こんなに嬉しいことはありません。

第 2 章

人的資本経営モデル

1 人的資本経営モデル

　投資家をはじめとしたステークホルダーは，それぞれが注目する企業におい
て人材の活用が組織の持続的成長につながるわかりやすいストーリー（人的資
本経営ストーリー）を求めています。

　企業はどのようにしてこの「人的資本経営ストーリー」を構築すればいいの
でしょうか。これに対する1つのアプローチとして「人的資本経営モデル」と
いう考えをご紹介します。

　**私は，人的資本経営に積極的に取り組んでいる企業の事例研究を通して，人
を活かすことにより企業業績や企業価値を高めている企業に共通して見られる，
経営戦略と連動した人材戦略をベースに人材マネジメントを展開し，人と組織
の強化をその企業らしく推進する経営モデルを考察しました。それを「人的資
本経営モデル」と呼んでいます**（図表2-1）。

　このモデルは，人の認知に訴えるモデルであり，個人のやる気を引き出し，
仕事や組織へのエンゲージメントを高め，企業業績の向上につながることが期
待できます。

　それではこの「人的資本経営モデル」について，順に説明していきましょう。

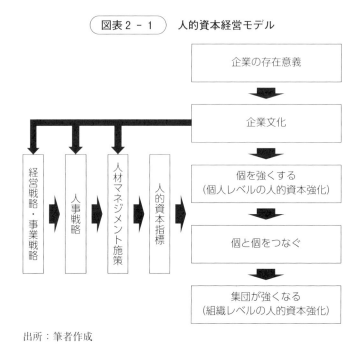

図表2-1 人的資本経営モデル

出所：筆者作成

2　人的資本経営と企業の存在意義

「人的資本経営モデル」は「企業の存在意義」から始まります。

法人を設立する際には「法人（設立時）の事業概況書」を作成して税務署に提出したり，また任意で「設立趣意書」というものを作成したりするでしょう。企業の存在意義はそうした際に意識され示されるものです。

企業の存在意義は，これまで「経営理念」や「ミッション」という形で示されることが多かったのですが，近年ではこれを「パーパス」という形で示す企業が増加しています（**図表2-2**）。

米ボストン・コンサルティング・グループでは，パーパスを「なぜ社会に存在するか（WHY）」と定義づけ，ビジョン（どこを目指す：WHERE），ミッション（何を行うべきか：WHAT），バリュー（どのように実現するか：HOW）

第2章　人的資本経営モデル　*17*

図表2－2　パーパスの例

社　名	パ　ー　パ　ス
ソニーグループ	クリエイティブとテクノロジーの力で，世界を感動に満たす。
ANA	安心と信頼を基礎に，世界をつなぐ心の翼で夢にあふれる未来に貢献します
三井金属鉱業	探索精神と多様な技術の融合で，地球を笑顔にする。
マクドナルド	おいしさと笑顔を地域の皆さまに
富士通	イノベーションによって社会に信頼をもたらし 世界をより持続可能にしていく
味の素	アミノサイエンスで，人・社会・地球のWell-beingに貢献する

出所：公開情報をもとに筆者作成

と合わせて示しています。

　一橋大学大学院客員教授の名和高司氏は，パーパスを「北極星のごとく道しるべになり，社員が奮い立つもの」と表現しています。とてもわかりやすく，うまい表現をされたものだと感心します。自分の行き先が分からなくなった時，いつも同じ場所で光っている北極星を見つけて，目指すべき方向を確認します。これと同じように，パーパス，すなわち企業の存在意義は，各企業の経営戦略や企業文化のよりどころとなり，その方向性や内容に迷った際にはパーパスに立ち戻って考え，方向性を確認するべきものでしょう。

3　人的資本経営と企業文化

　人的資本経営モデルの次は，「企業文化」です。

　トロンペナールスら（Trompenaars et al., 2012）によれば，文化とは，"人々が世界を理解し解釈する共通の方法"，"あたり前のこと，疑う余地のない現実"です。また，企業文化は，"そこに属する人々が当然のように思う思考や行動様式"，"組織が価値ありと考える一連の主要な特性"，"社員が共有する重要な価値観，信念，了解事項，規範"ということができます（Robbins, 1997）。

　企業文化については，オライリーら（O'Reilly et al., 1991）は，次の7つの要素の組み合わせで形成されているとしています。

① 革新およびリスク志向／革新，リスクを恐れない程度

② 細部に対する注意／細かいことにこだわる程度

③ 結果志向／プロセスや努力よりも結果を重視する程度

④ 従業員重視／意思決定の際，従業員への影響を重視する程度

⑤ チーム重視／個人よりもチームでの活動を重視する程度

⑥ 積極的な態度／指示待ちではなく自ら積極的に動く程度

⑦ 安定性／成長より現状維持を望む程度

そもそも，組織文化はどのように形成されるのでしょうか？

シャイン（Schein, 1983）は，組織文化の根源は組織の創立者にあると述べています。創立者の発言や様々な逸話，社内の儀式，社内ルールなどを社員が学び，他人に伝えることによって文化が形成され，組織文化にフィットした人を採用することによって文化が維持され，組織が期待する行動をとった人が評価されるようになり定着していきます。

私の前著で紹介したソニー創業者である盛田昭夫氏が新入社員に語った言葉である "ソニーに入ったことをもし後悔することがあったら，すぐに辞めなさい。人生は一度しかない。そしてソニーで働くと決めた以上は，お互いに責任がある。あなたがたが，いつか人生の終わりを迎えるときに，ソニーで過ごして悔いはなかった，と思ってほしい" や，構造計画研究所の創業者である服部正（はっとり・まこと）氏の言葉である "世の中で一番ぜいたくなことは，人の為に一生懸命尽くして，その人の喜ぶのをひそかに見て楽しむことだ" は，今に至る両社の組織文化の形成の源です。

その他にも，ホンダの創業者である本田宗一郎氏の言葉である，"嫌いなことなんてやっても伸びない。どうせ一度の人生なら，好きなことをとことんやるべきだ。そうすりゃ，それがやがて社会の役に立つ" ですとか，サントリーの創業者である鳥井信治郎氏の言葉である "やってみなはれ。やらな，わからしまへんで" という言葉を聞くと，企業の外にいる人間でもそれぞれの企業の組織文化がわかるような気がします。

企業は，先に示した「パーパス（存在意義）」を果たすために経営戦略を策定し，その経営戦略を達成するために企業内に様々なルールを作りながら組織

の運営をします。それらのルールもまた組織文化の影響を受けながら形成されていきます。「その企業らしさ」がルールに反映されるからです。

さらに組織文化は，一定の目標達成に向けて社員の日常行動を導いたり，価値観が合う社員を企業に留めたり，社員を統合し結びつけるといった働きをします。これは後に説明する「個と個をつなぐ」程度にも強く影響します。

4　個を強くする

「個」を強くするうえでまず考えるべきは，「強い個」を採用することでしょう。ただしこの時，どのような「個」が強いかは，企業にとって異なるということに注意が必要です。

一般的に「強い個」というのは，その専門性の高さに着目しがちです。しかし，企業に求められる専門性がこの先も継続的・安定的に続く業界や企業もあれば，そうでない業界・企業もあるでしょう。

前者は，専門性の高い人を採用し，採用後は専門性を深化させる人材マネジメントが有効でしょう。一方，後者は変化への対応力や新たなことを素早く修得する能力などが重視され，採用後は様々な機会を与えて経験の幅を拡げていくような人材マネジメントが有効になるでしょう。

それでは「個」を強くするにはどうすれば良いのでしょうか。

ボクサルとパーセル（Boxall & Purcell, 2003）は，従業員のパフォーマンスは，従業員の能力（Ability）とやる気（Motivation），機会（Opportunity）の関数であると考えました（**図表2-3**）。

従業員の能力（Ability）が個人のパフォーマンスを予測できる強力な要素であることは，多数の研究で明らかになっています。ではこの能力（Ability）

（　図表2-3　）　AMOフレームワーク

従業員の業績 ＝ 従業員の能力　×　動機　×　機会
（Ability）　　（Motivation）　（Opportunity）

出所：Boxall & Purcell（2003）

とは何でしょうか。

能力（Ability）は，知識（Knowledge）とスキル（Skills）からできており，それは人間が持つその他の属性（Other Characteristics）の影響を受けて発達するといわれています。これは，それぞれの頭文字をとってKSAOという概念で示されます。

Knowledge（知識）とは，職務を遂行するために必要な情報です。Skill（スキル）は，職務を遂行するために必要な個人のワザです。これらが相互に影響しあって蓄積され，能力（Ability）になります。この時，人によって知識（Knowledge）やスキル（Skills）の修得の速度や程度が異なります。それは人ごとに知識やスキルを修得しようというモチベーションや理解度に差があるからです。こうした，職務を遂行するための知識やスキルの獲得に影響を与える性格的特徴や，その他の属性がOther Characteristics（その他の属性）という言葉で示されます（**図表2－4**）。

この点について，ゴルフを例にとって説明してみましょう。

初めてゴルフをやる人は，まず入門書などで簡単な基礎知識（Knowledge）を学びます。例えばクラブの持ち方やクラブの種類などについてです。次にゴルフ練習場などで，実際の打ち方（Skill）を磨きます。ドライバーを打つ技術

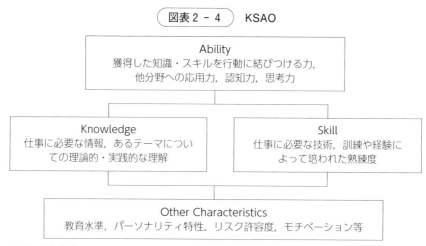

図表2－4　KSAO

出所：筆者作成

とパターを打つ技術は異なる技術です。そうした個々の技術を修得していくと，それらを統合して能力（Ability）が高まってきます。基本的な技術を修得してある程度能力が高まれば，次はいよいよゴルフコースに出かけます。ゴルフコースでは自然の中でプレイするため，地形の変化や風の影響に対応しながら，技術の幅を拡げて能力拡大を図ります。上手くなるためのアプローチや時間軸は人の特性（Other Characteristics）の影響を受けます。物事に熱中しやすいタイプの人は，時間さえあれば自分でゴルフの本を読んだり動画を見たりして他の人よりも早く良いスコアを出すことを目指すかもしれません。また，別の人はプロのレッスンを受けながらじっくりとフォームを固めつつ，着実に能力を高めていく方法を選ぶかもしれません。

　ところで，高い能力を持つ従業員が必ずしも高い業績をあげるとは限らないことを私たちは経験上知っています。

　その理由の1つはやる気（Motivation）があるかどうかの問題です。いくら高い能力を持っていてもその人にやる気がなければ何も生まれません。

　もう1つの理由は，能力のある人がそれを発揮できる場（Opportunity）があるかどうかの問題です。いくら高い能力を持ち，やる気があっても，その人にやる機会がなければ何も生まれません。

　すなわち，**企業において個を強くするには，従業員の知識やスキルを高め，それにより能力が向上した従業員の「やる気」を高め，彼ら彼女らに対して「ふさわしい」仕事を与えることが必要**なのです。

　近年，タレントマネジメントが注目されています。**タレントマネジメントは，まさにある時点における今後の社員一人ひとりの能力とやる気を測定し，その人に応じた機会の提供を話し合う取り組みなのです。**

5　個と個をつなぐ

　プロイハートとモリテルノ（Ployhart & Moliterno, 2011）は，個人レベルのKSAOが組織のパフォーマンスにつながる現象を，コズロウスキー（Kozlowski）とクライン（Klein）が2000年に提唱した「創発」というプロセスを用いて説明しています（**図表2-5**）。

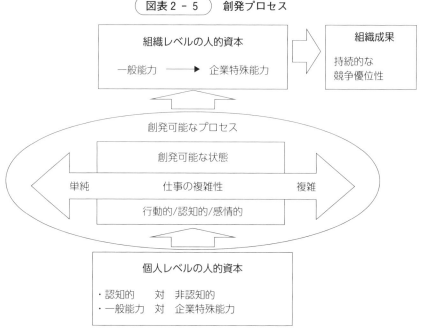

出所:Ployhart & Moliterno (2011)

「創発」というのは,物理学や生物学などで使われる「Emergence」(発現)という言葉を起源とする,部分の性質の単純な総和にとどまらない新たな特性が,部分の集合体である全体として現れることをいいます。

日本の多くの企業では「朝礼」が行われていることでしょう。「朝礼」では,企業理念を復唱したり,その日の業務予定を共有し合ったりしているはずです。多くの人は,この「朝礼」を無駄なことだと感じているかもしれません。私もその1人でした。しかしあらためて創発の理論をもとに考えてみると,朝礼によってチームの他のメンバーが何をしているのか,何に困っているのかなどが共有され,その解決方法が議論されるというのはプロジェクトを通した情報共有と構造的には同じものです。自分が何に取り組んでいるか,課題は何かを言語化して共有する「朝礼」の価値を見直しても良いかもしれません。

お酒の「飲み」と「コミュニケーション」の合成語である「飲みニケーション」。上野(2020)によれば,「飲みニケーション」という言葉が主なマスコミ

に全国ベースで初めて登場したのは，1982年の夏に日経産業新聞が「ノミニ
ケーションでQC」という記事で，サッポロビールの北関東工場で夏場に月2
回開催される，工場の従業員全員が参加する「ノミ（飲み）ニケーション」と
いうビールパーティー兼懇親会を紹介したのが最初とのことです。1980年代後
半には，社員食堂などの会社内の施設で夕方からアルコール飲料を社員向けに
提供し「飲みニケーション」を促進するのが流行りましたが，平成バブルが崩
壊して日本経済が下り坂になり，同時に日本独自の経済社会システムがもはや
時代遅れであることが指摘され始めると，「飲みニケーション」も退潮になっ
ていき，さらには働き方改革やコンプライアンス重視の流れを受け，また，企
業の経費管理も厳しくなって一昔前に比べるとだいぶ減ってきているといわれ
ています。

　先に紹介したサッポロビールの「飲みニケーション」では，ビールを飲みな
がら工程の改善手法などが議論され，それが仕事場にも活気をもたらしたとい
います。昔はこのような場で個と個がつながり，情報が交換されていたのです。
とはいえ，時代に合った「場」の設定も必要です。年に1度，大きなイベント
会場に全社員を集めて当年の業績発表や次年度目標の共有，成績優秀者の表彰
などをするキックオフ（Kick off）という会議イベントを開催し，会議終了後に
は全員で懇親会を行うようなスタイルも定着しつつありますし，社員が自発的
に勉強会を立ち上げて学び合うことを後押しする企業も増加しています。

　ただし，こうした取り組みの成否にも組織文化が影響します。カナダの社会
学者であるゴッフマン（Goffman, 2008）は，「人々が相互に接近し合えること
の重要な根拠は，同じグループの仲間と認め合う個人間の気安さと連帯感の中
に存在する」と指摘しています。すなわち，場に集まる人がお互いを"開放す
る"ことができる雰囲気，組織文化が必要なのです。

　ミラー（Miller, 2010）は，アリやミツバチなどの観察を通して，個体が集まっ
て集団として高いパフォーマンスを発揮する「賢い群れ」の基本ルールを紹介
しています。それは，「自己組織化」，「情報の多様性」，「間接的協業」，そして
「適応的模倣」の4つです。

　「自己組織化」とは，生物学や幾何学で用いられてきた言葉で，個々が全体
を俯瞰して動く能力がないにもかかわらず，各々の判断により動いても，結果

として組織が自ら統制されていく状態を指しています。ビジネスの世界に当てはめると，社員が上司の指示を待たずとも，自分の判断に従って行動を取った結果，組織目標が達成できる状態になることといわれています。これを実現するためには，目指すべき方向性を社員一人ひとりが理解していること，社員が自分の判断で動ける雰囲気や体制が整っていること，社員一人ひとりがどのような行動を取るべきかを理解していることが必要です。先にお話した，パーパス（企業の存在価値）の設定，社員が自律的に動いても良いと感じる職場環境の醸成，バリュー（行動様式）の理解と浸透が組織の自己組織化を後押しします。

　最近多くの企業が多様性の拡大に取り組んでいます。多様性の程度が高い企業では，従業員一人ひとりが自分の考えを言語化して示さないと真意が相手に伝わりません。それがコミュニケーションを活発化し，お互いに異なる価値観やアイデアが共有されて新しいものが生まれていくのです。これが「情報の多様性」です。

　「間接的協業」というのは，個体同士が直接的ではなく間接的に相互作用することです。ミラー（Miller, 2010）は著書の中で，シロアリが巣を補修する様子を観察して，シロアリ同士が直接コミュニケーションをとって巣を修復するのではなく，造っている巣という建造物の完成品のイメージを共有し，その一部が欠けたという環境の変化を察知し，その建造物修復に向けての行動を個が起こし，それが集団に連鎖したのだと分析しました。この現象からも，集団の目標を明確にすることの大切さや，協業するのがあたり前であると個が感じる組織文化の重要性を学ぶことができます。

　人は仕事を通して，その成功や失敗の経験から学習します。良い仕事をすれば上司に褒められるし，高い評価や昇給につながるかもしれません。自分が何らかの行動を起こしたり何かを述べたりすると，それに対して他者が反応します。その時の他者の反応を観察して，自分の行動や言動が組織に求められているかどうかを頭の中で整理します。もしそれが賞賛を示す反応であると整理されたのであれば今後もその行動を繰り返し，非難を示す反応であると解釈すれば今後その行動は繰り返されず，新たなやり方を試すでしょう。同時に人は，そのようにして学んでいる人を見て学びます。これをモニタリングによる学習

といいます。ある人がある行動や態度を示したことによって周囲から賞賛されれば，それを観察していた人が自分も同じように周囲から賞賛されようと，その行動や態度を自分にも組み入れてみるものです。これが「適応的模倣」です。

こうした動きが組織の中の随所で行われることによって，組織のメンバーは共通の思考様式，行動様式を持つようになります。それによって，組織の能力，すなわち組織レベルの人的資本が形成，強化されていくのです。

とはいえ，これまでに述べた工夫を講じているすべての企業において自然発生的に社員間の創発が生まれるわけではありません。その場合には，意図的にいくつかの仕掛けを導入することによって，社員がお互いに情報を交換し，組織としての知を蓄積していくように仕向けていきます。

仕掛けとしては，まず，社内のコミュニケーション量を増やすことが考えられます。企業のトップから社員へメッセージを発信したり，新しく加わった社員を紹介したり，社員の声を企業のトップに伝えるイベントを行うなど，企業内の人と人をつなぐことによってその距離を縮めることができます。また，社内で協力した事案に対して褒賞金を出すなど，インセンティブを与える方法もあります。社員同士をつなげる仕組みとして，休憩時のカフェスペースを設置したり，クラブ活動を奨励したり，ランチ会に補助したりしている企業もあります。一見，福利厚生にも見えますが，実は個と個をつなげて組織知を高めることにもつながる人材投資ともいえるのではないでしょうか。

6　すべてをつなげる

ここで「人的資本経営モデル」（**図表２−１**）の左側にある，経営戦略・事業戦略，人事戦略，人材マネジメント施策のつながりについて考えてみましょう。

もともとこの「経営戦略と人事戦略の連動」は，戦略的人的資源管理（SHRM = Strategic Human Resource Management）という領域で古くからその重要性が強調されてきました。

「組織は戦略に従う」という言葉をお聞きになったことがある方は少なくないと思います。これはチャンドラー（Chandler, 1962）による有名な言葉で，

経営戦略と組織構造は自ずと連動するものであるという考えが表現されています。このチャンドラーの考えに誘発された形で，その後も多くの研究者が，経営戦略あるいは企業を取り巻く環境と組織構造の連動について述べています（例えばMiles & Snow, 1984）。

人的資本経営モデルでもこれらと同じ立場をとり，企業の存在意義，企業文化，経営戦略，人事戦略，人材マネジメント施策の連動が重要であると考えています。

こうした仕組みの中で，**企業は個を強くし，その強い個と個を結び付けてさらに強い集団を作っていく。それが企業の業績を高め，企業価値の向上につながる。これが「人的資本経営モデル」と呼ぶモデルの考え方なのです。**

この「連動性」という点については様々なところでその重要性が語られるようになっており，企業で人的資本経営を推進しようと考えている経営者の方々，経営企画部門や人事部門のリーダー・スタッフの方々は既に十分すぎるほど理解していることでしょう。

しかしながら，企業内で様々な取り組みはしているけれど，その連動性がなかなかうまくとれない，という点について私のところへ相談に来てくださる企業が後を絶ちません。

こうした現象が起きる理由の１つは，「経路依存性」という言葉で説明することができます。「経路依存性」とは，過去の経緯や歴史によって決められた仕組みや出来事にしばられる現象です。当然のことながら，昨今「人的資本経営」が強く注目される以前からも各企業は人材マネジメント上の様々な課題を解決するためにその時々で最適であると考えられた人事戦略あるいは人事施策を導入してきたはずです。いまゼロからすべて新しく何かを作るわけではありません。また，過去に導入したしくみは，それが現在では既にその役割を果たしているのはわかっていながらも，従業員にとって「既得権益」化してしまい，それを変更しようとすると不利益変更として認められないケースも現実には生じます。こうした経緯で，個々の仕組み自体を見ればそれぞれの状況に対して部分最適化しているものが，それらを並べて全体として見ると，お互いの整合性がなくなっている，ということが生じるのです。

理由の２つめは，そもそも全体像を見ているようで見ていない，というもの

です。最近はCHRO（Chief Human Resource Officer）という役割が珍しくなくなってきましたが，それでもまだ人事部門が企業経営に深く関与するケースは多いとは言えません。

人的資本経営の推進にしても，本来は人事部門が経営メンバーの一員としてCEOやCFOなど他のCXOを巻き込みながら行うべきなのですが，日本では経営企画部門が主導しているケースが多いという声をよく耳にします。しかし経営企画部門は，中期経営計画の策定などに深く関与する経営戦略の専門家ですが，人や組織の専門家ではありません。

したがって私は，人的資本経営の推進は，人事部門が経営の全体を見据えながら自社にとって最適な形で推進すべきであると考えています。実際に，私がこれまでにインタビューをした人的資本経営を積極的に推進している企業では，人事部門の責任者が従来以上に経営トップを巻き込んで，経営戦略と人事戦略の連動を意識した活動を行うようになっています。

それでもなお，経営戦略と人事戦略を連動させるのは難しい，人的資本ストーリーの重要性はわかっているけれども，それを形にするのが難しいと考えている経営者，人事責任者の方は少なくありません。

それでは，経営戦略との連動をとりながら人事戦略を立案したうえで，その人事戦略を実現するために"自社らしい"人材マネジメント施策を検討・導入し，その効果測定をおこないながらPDCAサイクルを回すにはどうしたらいいのでしょうか。

その一助となるのが「人的資本経営キャンバス」というツールなのです。

第 3 章

人的資本経営キャンバス

1　人的資本経営キャンバスとは

　人的資本経営キャンバスは，人的資本経営を可視化するフレームワークです。具体的には，企業の存在意義，組織文化，経営戦略，人事戦略，人材マネジメント施策ならびに人的資本指標をつなぐテンプレートとして活用します。

　人的資本経営キャンバスについて説明する前に，私がこれを開発した経緯について少し触れておきます。

　私は現在，経営専門職大学院でMBA学生を相手に教鞭を執っています。私が勤務する大学院は，起業家の育成を目指しており，学生は修士課程の修了に際して研究論文の他にも「事業計画書」や「プロジェクト報告書」の作成を選択することができます。そのため「ビジネスプラン作成法」の講義が必修科目となっており，国内外から集まる約200名のMBA学生はビジネスプランの作成を通じて新規事業の企画力，事業や組織の改革能力を高めていきます。

　ビジネスプラン構築の際に役立つツールとして「ビジネスモデル・キャンバス」というテンプレートがあります（**図表3－1**）。

　このテンプレートは，

① 「顧客セグメント（CS：Customer Segments）」
② 「価値提案（VP：Value Propositions）」

30

図表 3 - 1 ビジネスモデル・キャンバス

パートナー [KP]	主要活動 [KA]	価値提案 [VP]	顧客との関係 [CR]	顧客セグメント [CS]
	リソース [KR]		チャネル [CH]	
コスト構造 [CS]		収益の流れ [RS]		

出所：Osterwalder & Pigneur (2010)

③ 「チャネル（CH：Channels）
④ 「顧客との関係（CR：Customer Relationships）」
⑤ 「収益の流れ（RS：Revenue Streams）」
⑥ 「リソース（KR：Key Resources）」
⑦ 「主要活動（KA：Key Activities）」
⑧ 「パートナー（KP：Key Partnerships）」
⑨ 「コスト構造（CS：Cost Structure）」

の9要素から構成されており，「顧客」にどのような「価値」を届けるビジネスを行うのかを中心に検討し，その価値をどのように届けるのか，誰と組むのが良いのか，どのように収益に結び付くのかなどについてテンプレートを埋めていくことによってビジネスモデルを作っていきます。

　このテンプレートを完成させると，ビジネスモデルの全体像が把握できるだけでなく，各要素間のつながりを把握することができます。また，もしも各要

素間のつながりがうまく説明できないような場合は，そこが自社のビジネスモデルの課題であることが多く，その改善を検討することにも使えます。

　私も，私の演習（ゼミナール）に所属する学生にビジネスプランの作成を指導する際は，早い段階でこのビジネスモデル・キャンバスを作るように指導しています。学生は，自分の頭の中にあるアイデアをもとにキャンバスを埋めていきます。キャンバスを埋めること自体はさほど難しい作業ではありません，「誰に対して」，「何を」，「どのように売っていくか」などを順に書いていけば良いのです。ただし，ひととおりキャンバスを埋めてから内容を確認してみると，ほとんどの場合，最初は要素間のつながりが不十分なために全体のストーリーが理解できないことが多いのです。そこで，あらためて「顧客」と「価値提案」を軸に各要素をつなぎ合わせながら全体のストーリーを構築していきます。すると，次第にとてもわかりやすいビジネスプランになっていくのです。

人的資本経営キャンバス

　人的資本経営が注目されるようになり，各種の人的資本の開示が義務化されるようになると，私のところにも企業の経営者や人事部門の方々から，どのように人的資本経営を組み立てれば良いのかというご相談をたくさんいただくようになりました。

　各企業においては，これまでにも様々な人材マネジメントを行ってきており，ゼロから何かを構築しなければならない，ということはほとんどありません。しかしながら，現在行っている人材マネジメントのやり方を一とおりお聞きした後に，「なぜ現在のようなやり方をしておられるのですか」という質問をすると，あまりクリアな答えが返ってこない場合がほとんどです。答えの多くは，「これまでも長い間運用されてきたしくみだから」とか，「コンサル会社と相談しながら決めたから」といった内容です。近年，「人的資本経営」という言葉を頻繁に聞くようになったからそのやり方を学びたい，というご相談もありますが，**皆さんが行うべきことは「人的資本経営」という新たな経営のやり方を行うのではなく，各企業がこれまでに取り組んできた人材マネジメントを，人的資本経営という概念のもとに整理し，再構築する作業を行うことなのです。**

したがって，こうしたご相談を受ける度に，私の頭には次のような疑問が常にありました。

　　"企業のこれまでの人材マネジメントの取り組みを整理して人的資本経営という概念が有する考え方を取り入れながら，活動全体をストーリーとしてつなげるにはどうすれば良いのだろうか？"

　これについて考えを巡らせていた時に私の頭に思い浮かんだのが，先にご紹介した「ビジネスモデル・キャンバス」です。私は，「ビジネスモデル・キャンバス」が持つ，全体像が把握できるだけでなく，各要素間のつながりを把握することができるという機能が人的資本経営のストーリーを考える際にも有用なのではないかと考えました。そこで私は，第２章でご説明した「人的資本経営モデル」を念頭に置きながら「人的資本経営キャンバス」を作成したのです。「人的資本経営キャンバス」は，人的資本経営を８つの要素に分類して，それぞれが相互にどのように連動しているかを俯瞰することができるテンプレートです（**図表３‒２**。商標登録第6757748号）。
　「人的資本経営キャンバス」は，本来は**図表３‒２**に示した縦長のものです。実はこれはＡ１サイズのポスターにできるようにデザインされています。アカデミックな学会では，「ポスターセッション」という発表形式があります。
　「ポスターセッション」というのは，発表者が発表内容をポスターとしてまとめ，会場で参加者を前にそのポスターを使いながらプレゼンおよび質疑応答する発表形式です。この「人的資本経営キャンバス」も，大きなポスターとして使いながら自社の人的資本経営ストーリーを社内で共有する姿を想像して作成したのです。
　本書の執筆に合わせて「人的資本経営キャンバス」の横長のテンプレートも作成しました（**図表３‒３**）。本書ではこの第３章で人的資本経営キャンバスの使い方を実例とともに説明し，次の第４章で人的資本経営キャンバスを用いて実際の企業の事例を紹介しています。本書のような書籍に掲載する場合や，社内で配布資料として用いる場合は，横長のテンプレートを用いて見開きで示したほうが読みやすいかもしれません。

第3章　人的資本経営キャンバス　*33*

（図表3－2）　人的資本経営キャンバス（縦）

人的資本経営キャンバス（Human Capital Management Canvas）

企業ロゴ

事業内容：
売上高：
従業員数：

①企業の存在価値

②企業文化（キーワードで示す。
目指す姿でも良い）

③企業を取り巻く環境

④経営戦略

⑤人事戦略

⑥人材マネジメント上の課題
あるいは方向性

⑦人材マネジメント施策
（個人の強化・集団の強化）

⑧人的資本指標（目標）

®ピープルマネジメントコンサルティング

出所：筆者作成

34

図表3－3　人的資本経営キャンバス（横)

企業ロゴ	人的資本経営キャンバス　(Human Capital Management Canvas)

企業名
事業内容：
売上高：
従業員数：

①企業の存在意義	②企業文化

③企業を取り巻く環境	④経営戦略

⑤人事戦略	⑥人材マネジメント上の課題あるいは方向性	⑦人材マネジメント施策（個人の強化・集団の強化)	⑧人的資本指標（目標)

Ⓡピープルマネジメントコンサルティング

出所：筆者作成

2　人的資本経営キャンバスの使い方

　人的資本経営キャンバスは，次のような使い方を想定しています。

①　人的資本経営ストーリーを考える

　人的資本経営という概念は，人的資本経営モデルで示した要素の一つひとつによって構成されます。そこでまずは，人的資本経営キャンバスに記載した，8つの要素一つひとつの内容を検討し，テンプレートを埋めていきます。これによって，各要素の内容を確認しながら，人的資本経営全体のストーリーを設計することができます。

② 各要素間の連動性を確認する

　人的資本経営を推進するうえで繰り返し強調すべき点は，経営戦略と人事戦略との連動です。そして，経営戦略や人事戦略はまた，企業の存在意義や組織文化の影響も受けるというお話をしてきました。そこで人的資本経営キャンバスを用いて，企業の存在意義から始まる各要素の連動性を確認します。これを行うと，例えば人事施策はたくさん導入しているものの，それが何のために導入されたものなのかが不明確な施策が見えてきたりします。あるいは，人事戦略実現のために意味のある人事施策が導入されているものの，その進捗や成果を測るための指標が設定されていない，というのもよくあるケースです。人的資本経営キャンバスを用いれば，そうした点の気づきにつながります。

③ 統合報告書や有価証券報告書作成の参考にする

　このように書くと，順番が逆であると感じる方がいるかもしれません。確かに人的資本経営キャンバスを最初に作成する時は，記載する情報の多くは統合報告書や有価証券報告書から持ってくるからです。しかし一度，人的資本経営キャンバスを作成すれば，経営戦略の見直しがない限り，さほど多くの修正は必要ありません。PDCAを回していく過程で人事施策を追加・修正したり，それに応じて指標を見直したりして内容をメンテナンスしていくことが中心となります。このような状況になると，人的資本経営キャンバスは，人的資本経営を示す１枚の仕様書のようになります。この仕様書を前に置きながら，前年度の統合報告書や有価証券報告書で記述し足りないところはなかったか，違う表現のほうがよりステークホルダーに伝わりやすいのではないかなどについて検討することができます。

④ 人的資本経営に対する社員の理解を高める

　人的資本経営キャンバスを使えば，社員に対して自社の人的資本経営の取り組みを簡潔に紹介することができます。

　先にも触れたとおり，もともとこの人的資本経営キャンバスは，個人がパソコン上で作成することもできるのですが，Ａ１サイズのような大きなサイズのものを用意し，関係者で議論をしながら作成することも想定しています。これ

を社員研修に用いると，会社の経営戦略と人事戦略とのつながりや，自分たちに適用されている人材マネジメントの意味や会社が目指す姿を社員に理解させることが可能となります。

ニシイら（Nishii et al., 2008）によれば，所属企業が人事施策を採用する理由について社員が抱く認識は，社員の態度や行動，ひいては業績にも影響を及ぼすといわれています。すなわち，社員が，企業の人事施策がサービスの質と社員のウェルビーイング（Well-being）を向上させるという認識を高く持てば社員のコミットメントと満足度が高まり，一方，企業の人事施策がコスト削減を目的としたものであると認識されると，社員のコミットメントと満足度が低下するといいます。したがって，私は，**人に投資をして企業価値を高めるという人的資本経営の取り組みを，企業は必ず自社の社員に理解してもらう活動をすべきであると考えています。それにより，社員のコミットメントや満足度が高まり，良い仕事につながっていくのです。**

言うまでもなく，人的資本経営を開示する媒体は有価証券報告書だけではありません。したがって，有価証券報告書の作成義務がない非上場企業においては，独自の資料を作成し，それを社員や社会に開示して，企業の成長につなげてはいかがでしょうか。

3　人的資本経営キャンバスの書き方

これから，人的資本経営キャンバスの具体的な作成方法について解説していきます。

単に書き方だけを説明するよりも，実際の記入例を示しながら説明したほうがより理解しやすいと思いますので，私が前著でご紹介した，株式会社構造計画研究所をケースとして取り上げて解説していきたいと思います。なお，お手元に人的資本経営キャンバスを置きながら読んでいただくと，さらに書き方の理解が深まるものと思います。

まずは，構造計画研究所というユニークな企業について初めて知る方々のために同社について簡単にご紹介します。

株式会社構造計画研究所は，東京工業大学の助手からスピンオフし，1956年

創業，1959年に設立された日本に本拠を置く建築とエンジニアリングの分野で先駆者として知られる企業です。この企業は，大学，研究機関と実業界をブリッジするデザイン＆エンジニアリング企業であり，特に地震や自然災害に対して高い耐久性を持つ建築物の設計で注目されています。同社の耐震技術は国際的にも評価が高く，世界中の建築基準に影響を与えています。また，同社はエネルギー効率の高い建物を通じて環境への影響を最小限に抑えることに重点を置いているほか，最新のテクノロジーを活用した革新的な設計アプローチにより，建築業界における環境保護と安全性の向上に貢献しています。更に建築とエンジニアリングの枠を超えて，新しいビジネス領域にも進出しています。具体的には，デジタル技術を活用したスマートシティの開発，環境技術，そして再生可能エネルギーの分野でのイノベーションに力を入れています。これにより，より幅広い市場にアプローチし，「建設・防災」，「情報通信」，「製造」，「意思決定・合意形成支援」の４つの領域で持続可能な未来に向けたソリューションを提供していることが特徴です。

(1) 「企業の存在意義」欄

　まずは企業の存在意義から記入します。企業によって「（企業）経営理念」や「パーパス」，「ミッション」など表現のしかたは様々ですが，何かしらこれに相当するものを持っていると思います。

　構造計画研究所は，「Thought：社会と共に目指す未来像」，「企業理念」と「組織のありたい姿」がそれぞれパーパスやビジョンに相当すると思われるので，次のように記入します。

企業の存在意義
【Thought：社会と共に目指す未来像】 Innovating for a Wise Future 工学知をベースにした有益な技術を社会に普及させることで，より賢慮にみちた未来社会の構築に向けて，リーダーシップを発揮してチャレンジを続ける 【企業理念】 大学，研究機関と実業界をブリッジするデザイン＆エンジニアリング企業として，社会のあらゆる問題を解決し，次世代の社会構築・制度設計の促進に貢献する 【組織のありたい姿】 Professional Design & Engineering Firm 自らの経験を基に，顧客の実状に合わせた技術や科学的知見を提供することによって高付加価値を実現する知識集約型企業

(2) 「企業文化」欄

　ここには企業文化を記載します。とはいえ，企業文化を言葉で示すのはなかなか難しいと思います。記入者の個人的な主観ではなく，企業内にある程度定まった企業文化があれば，それを記載するほうがベターです。また，社内の何人かに企業文化についてインタビューし，社員がほぼ共通して認識している文化を記載する方法もあります。既に言語化されている情報としては，企業の「バリュー（行動指針）」を記載しても良いでしょう。これは現実というよりも目標に近いものですが，会社としてそれが目指す文化であれば，各種の戦略や施策にその会社らしさ，すなわち企業文化が反映されているかを確認する際に，その「目指す姿」を参照するのには意味があると思います。

　構造計画研究所の場合は，次のようになります。

企業文化
【知識集約型企業としての４つの行動指針】 「自律・自立・機動力」 与えられた仕事や責任の範囲を超えて，自分自身が決めたゴールに向かって強い意志を持って挑戦していく 「独立性の維持」 自分達が社会にとって必要と考えるソリューションを，自分たちの判断で，自分たちが蓄積してきた経験知をもとに解決する 「多様性の尊重」 ジェンダーや国籍，年齢による区別をつけない姿勢を持つことによって活き活きとした組織を維持する 「透明性」 各ステークホルダーに対して透明性の高いガバナンス体制，組織としての目標を所員全員で共有し，その目標達成を目指す

　企業の文化は，創業者をはじめとしたトップマネジメントの考えが大きく影響します。構造計画研究所でも，創業者である服部正氏や現在の株式会社構造計画研究所ホールディングスの取締役兼代表執行役である服部正太氏の，次にあげる言葉が同社の企業文化を端的に表しているといえるでしょう。

　"世の中で一番贅沢なことは，人のために一生懸命尽くして，その人が喜ぶのをひそかに見て楽しむことだ"　　　　　　　　　　（創業者・服部正氏）
　"技術をベースにしながら，単に目の前の課題を解決するだけではなく，結果として社会が安定する，人の心が安らかになる，人の心が豊かになる，一人でも不幸な人が少なくなる，そのようなことを大事にしたい"
　　　（㈱構造計画研究所ホールディングス取締役兼代表執行役　服部正太氏）

(3)　「企業を取り巻く環境」欄

　企業を取り巻く環境を分析するにあたって，一般的には内部環境の分析と外

部環境の分析を行います。

　内部環境分析のための有名なフレームワークとしてはポーター（Porter, 1980）の「バリューチェーン」や米マッキンゼーの「7S」といったものが，また，外部環境分析用としては「PEST分析」をはじめ広く使われているフレームワークがいくつかありますので，それらをベースに検討すると良いでしょう。

　より手っ取り早く環境分析のイメージを掴みたい場合や，投資先企業を取り巻く環境を知りたければ，上場企業が提出する有価証券報告書の第一部第2＜事業の状況＞から会社を取り巻く外部環境などが把握できます。

　企業を取り巻く環境の中には，自社の経営に直接的に影響を及ぼす環境と，直接的に影響を及ぼすとは言えないが社会の一員として考慮すべき環境があります。

　前者の例では，自社ビジネスに直接関係する政治，経済，社会，技術の動向があります。また，競合企業や顧客といった市場の動向も重要です。

　後者の例としては，SDGs（持続可能な開発目標）やESG（環境・社会・ガバナンス）があります。もちろんSDGsやESGが自社のビジネスに直接関係する企業があるのはいうまでもありません。

　構造計画研究所を取り巻く環境はどのようなものでしょうか。同社の「株主通信」（2023年6月期）などを参照すると，次のようになります。

企業を取り巻く環境

・度重なる自然災害

・近年の地球温暖化に伴う大雨や台風の強度および頻度の増加

・IoT，ロボット，AIなど新技術の進展

・爆発的に増大するデータとその重要性の増加

・社会全体におけるSDGsやESG経営などサステナビリティに対する関心の高まり

(4) 「経営戦略」欄

　経営戦略とは，「企業を取り巻く環境の下，企業や事業の目的や目標を達成するための作戦」のことです。

　経営戦略立案の際に参考となる理論はたくさんあります。例えば，古くはチャンドラー（Chandler）やアンゾフ（Ansoff）の戦略論，現在も良く使われている米ボストン・コンサルティング・グループのPPM（Product Portfolio Management：プロダクト・ポートフォリオ・マネジメント），ポーター（Porter）の競争戦略論，他にもハメル（Hamel）とプラハラード（Prahalad）のコア・コンピタンス，バーニー（Barney）の資源ベースの戦略論などです。

　こうした経営戦略の理論とは別に，経営戦略立案の考え方を示してくれる良本もたくさんあります。中でも，一橋大学大学院の楠木建氏の著書「ストーリーとしての競争戦略　優れた戦略の条件」は，経営戦略における「ストーリー」，「筋」の大切さを大変わかりやすく教えてくれます。私が「人的資本経営ストーリー」の大切さを繰り返すのも，楠木氏の影響を大きく受けているからです。

　おそらく経営戦略を筋立って構築することや，人的資本経営において経営戦略と人事戦略を連動させるべきことはほとんどの方々が理解していることだと思います。頭では理解しているのになかなかできないのはなぜでしょうか。理由は様々だとは思いますが，実態がそうである以上，私は少しでも多くの方々が筋の通った人的資本経営ストーリーを構築するお手伝いをする必要があると考えています。

　さて，構造計画研究所の経営戦略を整理してみましょう。これも同じく，同社の2023年6月期の「株主通信」を参照しました。これによると，現㈱構造計画研究所ホールディングス取締役兼代表執行役の服部正太氏が2021年7月に会長に就任した際に掲げた4つのテーマである，①採用活動，②意思決定支援分野の再構築，③100年企業を目指す上での事業検証，④新規ビジネスへの投資事業が現在も同社の経営戦略の軸になっていることが窺えます。

　同社のビジネスは，顧客と会って課題を理解し，その課題解決のための最適なアプローチを提案するコンサルティングを中心としています。そのため，顧客と向き合う人材（同社では"人才"という）が会社にとって最も重要な資本

であるという考えが創業以来根付いており，ゆえに「優秀な人材の確保と育成」が経営戦略のトップに位置するのは非常に同社らしい考えだと思います。

経営戦略
・今後のビジネスを担う優秀な人材の確保と育成 ・付加価値向上と高い品質をベースとした既存事業の着実な推進 ・中長期的な企業価値向上を目指した新たな事業の開発

(5) 「人事戦略」欄

　繰り返しになりますが，人的資本経営において，経営戦略と人事戦略の連動が重視されます。

　もともと，戦略的人的資源管理（SHRM：Strategic Human Resource Management）という領域では，経営戦略と人事戦略の連動の重要性を主張しており，この領域に詳しい方々にとっては，昔から言われてきたことなのに何をいまさら，という感覚を持っていることと思います。

　私も1990年代後半に，アメリカにおけるこの分野での最新の知見を現・学習院大学の守島基博教授に教えていただいたときは，目から鱗が落ちた気持ちになりました。それまで企業で人事職に就いていた自分にはなかった発想でした。

　先にも書いたとおり，経営戦略というのは，「企業を取り巻く環境の下，企業や事業の目的や目標を達成するための作戦」のことです。

　したがって，企業が事業の目標を達成できるかどうかは，まずは企業を取り巻く環境に対応した，適切な経営戦略の立案が必要となります。経営戦略を立案したら，その次に経営戦略を実現するために必要な「サブ戦略」を検討します。その1つに「人事戦略」があります。

　改めて言うまでもなく，経営戦略は企業の成長や価値拡大にとって非常に重要です。しかしながら一方で，人間は万能ではありません。経営トップの方々にしても，人間ですから間違うことだってあります。特に，今日のようなVUCA（Volatility Uncertainty Complexity Ambiguity：不安定で変化が速く

将来の予測が難しい）の時代には，そうした間違いも織り込みながら経営をしていかなければなりません。つまり，経営戦略の「有効期間」も昔に比べて短くなってきているのです。そこで，**経営戦略を実現する役割の一端を担う人事戦略も「柔軟性」がカギになると私は考えています。人事戦略における「柔軟性」とは，組織構造の柔軟性，組織能力の柔軟性，そして個人の柔軟性です。**

　組織構造の柔軟性を保つためには，できるだけ組織を「大きな風呂敷」状態にしておくことです。つまり，小さすぎる組織をたくさん作りすぎない，ということです。特に日本人は年功人事と肩書が好きな国民性のため，すぐに小さな組織を作ってその上に人をはめ込み「xx長」と名乗らせたがります。そうすると環境が変わりその小さな組織を解体する必要が生じた際にも，「xx長」のことを思って解体できなかったり，解体できたとしても「xx長」を別の組織の「xx長」にわざわざ仕立てたりするといった無駄なことを行ったりしてしまいがちです。1人の管理職がしっかりとマネジメントできる人数に配慮しながらなるべく大括りの組織にしておいて，経営戦略の変更に素早く対応できるような柔軟な組織構造にしておく必要があるでしょう。

　組織能力の柔軟性を保つためには，やはり人材の多様化の促進が効果的だと思います。もちろん人材の多様化（Diversity）には，人材のインクルージョン（Inclusion：多様性を受容し互いに作用し合う状況を目指す考え）が欠かせませんし，最近では人材の立ち位置の公平性（Equity：人の違いを認識したうえで，みんなが同じ結果を出せるように必要に応じて個々の前提を整えること）といった概念も登場しています。

　個人の柔軟性を高めるには，個人の「多能工化」が必要だと考えています。この考えは，古くから日本企業で言われてきたことですが，近年は個人の専門性の向上が注目されてきて，何となく多能工化というのは広いが浅い能力といった時代遅れのような印象を持たれがちです。しかし私は，現代の多能工化は職種特殊能力としての「専門多能工化」が必要であると考えています。例えば「人事職」という職種には採用，制度企画，人材開発，労務，人事IT，人事オペレーション，ビジネスパートナーなど様々な専門分野がありますが，これらいずれの分野においても高い専門性を発揮することを目指すのが，私のいう「専門多能工化」なのです。

さてここで，構造計画研究所の人事戦略を見てみましょう。

人事戦略

・多様な人材を採用し，その成長を支援し，良い仕事ができる環境を提供する

　同社の創業者である服部正氏は，"「工学知」をベースに社会のあらゆる問題を解決する"という同社の存在意義を実現するためには，社会のいかなる問題にも対処できるように，総合的なバラエティに富んだ専門家を集めた工学を生業とした組織が必要であると考えました。以来，「多様な人材を採用し，その成長を支援し，良い仕事ができる環境を提供する」という同社の人事戦略は現在にも引き継がれ，それが「所員一人ひとりが良い社会の実現に貢献する」という同社の経営方針を支えているのです。

　また，既に見たとおり，同社の経営戦略は「既存事業の着実な拡大」と「新規事業の開発」ですが，同社ビジネスの性質，すなわち，①大きな資金を必要としない，②製造業とは異なり，原材料などの調達，在庫などがいらない，③ビジネスのベースは知識，知財など無形資産のみ，④経費の50％以上が人件費という点を鑑みると，「人材」の確保，育成，環境整備が人事戦略のすべてであるという考えは経営戦略と連動した，とてもシンプルでわかりやすい人事戦略であるといえましょう。

⑹ 「人材マネジメント上の課題あるいは方向性」欄

　人事戦略というのは，「経営戦略を実現するための作戦あるいは方針」です。人事戦略から人材マネジメントの施策（アクション）へ落とし込む前に，人事戦略を実現するための課題の整理，または，目指すべき姿（To be）を思い描いておきましょう。そうすることによって，目指すべき姿（To be）と現状のギャップが見えるようになり，目指す姿に向けての対策（＝人材マネジメント施策）が検討しやすくなります。

　「人材マネジメント上の課題あるいは方向性」欄へどのように記載すれば良

いかを，構造計画研究所の例で見てみましょう。

人材マネジメント上の課題あるいは方向性
・企業文化に合った，多様な人材の採用 ・所員が自由闊達に意見を交わし合い，活き活きと働ける場の創造 ・徹底した情報開示によるオープンな社風の醸成 ・一人ひとりに合った成長の場を用意する

　上記の4つは，同社にとっての人材マネジメントの目指すべき姿です。普遍的な内容となっており，流行にとらわれずあるべき姿を追求する同社らしさがここにも表れているように思います。

　上記にはやや抽象度の高い記入例を示しましたが，この欄にできるだけ具体的な課題あるいは方向性を書き出すことによって，次の欄に記入すべき人材マネジメント施策が思い浮かびやすくなるでしょう。

(7)　「人材マネジメント施策」欄

　人材マネジメント施策の欄には，前の欄に整理した人材マネジメント上の課題の克服，あるいは人材マネジメント上の方向性に到達するためのアクションを記入します。

　アクションですので，記載形式は「……の導入」や「……の実施」というような表現が適しています。

　ここでは，第2章で説明した「人的資本経営モデル」を意識しながら，その施策を行うことによって「強い個」が獲得できるのか，「強い個」同士を混ぜ合わせることによって「強い集団」づくりに寄与するのかをイメージしながら記入してみてください。

　また，人的資本経営のPDCAを回していくと，当初設定した施策を修正したり，追加したりする必要性が出てくるかもしれません。翌年度の人事部門の方針立案の際にこの人的資本経営キャンバスを眺め，全体のストーリーに変更がないかどうかを確認することをお勧めします。

構造計画研究所の人材マネジメント施策を，「人的資本経営キャンバス」に記入してみましょう。

人材マネジメント施策（個人の強化・集団の強化）
・採用方法の改善（（オープン型採用，選考フローの変更，多数回の面談を通してのカルチャーフィット重視，リファラル・アルムナイなどの活用，キャリア採用チームの強化，海外人才採用の強化） ・ミッションを共有し共感する施策の実施 ・個人別の目標設定と運用管理 ・MBB（Management By Brief：想いによるマネジメント）の運用 ・職場環境の充実（所員交流のためのカフェ，ライブラリなど） ・健康経営（定期健診，非禁煙手当，マッサージスペースなど） ・フラットな自立分散型組織の構築 ・年間10回を超える全社イベント ・MVA（Mission, Vision, Action）報告会の実施 ・社内表彰制度（個人およびプロジェクト対象） ・社内報発行 ・複線型キャリアの導入 ・所員の希望をベースにした社内異動の実施 ・定年制の廃止 ・セミナー受講，書籍購入費補助 ・大学，研究機関，パートナーとの連携による研鑽 ・部門横断的なプロジェクトチームの活用 ・会社の成長に見合った報酬の実現 ・働き方の選択肢を増やす場としての，子会社設立

⑻ 「人的資本指標」欄

人的資本経営そのものを測ることはできません。

人的資本経営というのは，いくつかの要素から構成されている概念だからです。これはセリグマン（Seligman, 2011）がウェルビーイング（Well-being）を「構成概念」と捉え，「この構成概念には測定可能ないくつかの要素があり，各要素がウェルビーイングと関係しているものの，ウェルビーイングを決める要素は何一つとしてない」と言っているのと同じです。**すなわち，人的資本経営というのは，それ自体が実在するものではなくて，女性管理職や社員エンゲージメント，退職の状況，内部登用のような，それぞれ操作でき，それぞれ実在するいくつかの要素が人的資本経営を構成しているのです。**そして，企業ごとに異なるこうした構成要素を測定することによってのみ，人的資本経営の全体像を得ることができるのです。

ただし，ここまで記入してきた内容がストーリーとしてつながっているならば，人的資本指標の選定は，さほど難しくはありません。

前のステップで書いた人材マネジメント施策が計画どおりになされているのかを確認・証明するにはどうすれば良いかを考え，指標を選定するのです。

構造計画研究所が選定している指標を見てみましょう。同社は，㈱構造計画研究所ホールディングス取締役兼執行役の木村香代子氏によれば「指標は過去からトレースしてきた項目をベースに現段階で重要であると考えたものを公開しているが今後も継続的に改善していくことが必要だと考えている」とのことです。確かに同社のホームページを見ると，所員数や所員の年齢，勤続年数，年収などの人事関連データが数多く開示されています（しかも同社の素晴らしいところは，こうした人的資本の開示が，人的資本という概念がまだ広く知られるようになる前からなされていたことです）。また，それ以外にも有価証券報告書等で人的資本情報を公開していますので，それらを記入してみましょう。

人的資本指標
・所員基礎情報（年齢，勤続年数，年収，性別・国籍・採用区分別所員数・管理職人数／管理職比率など）
・採用人数（新卒／キャリア），キャリア採用比率
・離職者数／離職率（性別・国籍・採用区分別，入社時期別）
・障がい者雇用人数
・エンゲージメントスコア（やりがい，満足度，評価）
・休暇取得状況（産休取得者数，育休取得者数，育休後復職率，男性育休取得率，有給休暇取得率，有休休暇平均取得日数
・労働分配率
・総付加価値（営業利益＋人件費＋フリンジ・ベネフィット）
・異動希望の実現率
・成長支援，育成に関する全社費用／時間
・エンゲージメントスコア（成長支援）

　私は構造計画研究所が選択している指標のうちの「総付加価値」という指標は，人的資本経営の基本的な考え方である「人に投資をして企業を成長させる」という考え方に非常に合致している良い指標であると感じています。

　特に構造計画研究所のように，総コストに占める人件費の割合が高い会社では，人件費を少し削ればすぐに利益が増加するため，利益確保のために人件費を削減する誘惑が生じがちです。その誘惑から逃れて，継続的に社員の報酬や人材開発に投資をする経営こそ，人的資本経営なのだと思います。

人的資本指標の「性格」の確認

　人的資本の指標を選定したら，簡単な表を作成して指標の「性格」を確認してみることをお勧めします。

　人的資本の指標には「独自性」と「比較可能性」が求められています。そして同時に，人的資本の指標には，経営戦略・人事戦略と連動した指標と，経営戦略・人事戦略との連動は少ないものの企業の社会的責任を果たすための指標

があります。この2軸でマトリクス表を作成し，選択した人的資本の指標を書き込んでみます。

こちらも構造計画研究所を例として作成してみましょう（**図表3-4**）。

多様性に関する指標は同社の経営戦略に欠かせないものであるため，マトリクス上部の「戦略連動性」の位置に記入します。また，多様性のうちの障がい者雇用人数については，同社はおそらく障がい者についても健常者とは異なった視点を企業に持ち込む期待から「戦略連動性」のある指標であると捉えているものと考えましたが，このマトリクスの使い方の例として示すために，ここではあえて「社会的責任」の位置に記入しました。

$$\boxed{\text{図表3-4}} \quad \text{人的資本指標マトリクス}$$

戦略連動性	・エンゲージメントスコア（やりがい，満足度，評価） ・労働分配率 ・総付加価値（営業利益＋人件費＋付加給付） ・異動希望の実現率 ・成長支援，育成に関する全社費用／時間 ・エンゲージメントスコア（成長支援）	・所員基礎情報（年齢，勤続年数，年収，性別・国籍・採用区分別所員数・管理職人数／管理職比率など） ・採用人数（新卒／キャリア） ・キャリア採用比率 ・離職者数／離職率（性別・国籍・採用区分別，入社時期別） ・休暇取得状況（産休取得者数，育休取得者数，育休後復職率，男性育休取得率，有給休暇取得率，有休休暇平均取得日数）
社会的責任		・障がい者雇用人数
	独自性	比較可能性

出所：筆者作成

また，先にも触れた「労働分配率」，「総付加価値」は，今後多くの企業がこの数値を開示していくようになれば「比較可能性」の位置に配置すべきですが，現時点ではまだそのような状態になっていないため，独自性の位置に記載しました。

こうして見ると，構造計画研究所が設定した人的資本の指標は，経営戦略と連動しており，かつ独自性と比較可能性のバランスがとれた指標になっていることがわかります。

| 図3－5 | 構造計画研究所の人的資本経営キャンバス |

人的資本経営キャンバス

構造計画研究所
KOZO KEIKAKU ENGINEERING Inc.

株式会社構造計画研究所

①企業の存在意義

【Thought：社会と共に目指す未来像】
Innovating for a Wise Future

【企業理念】
大学，研究機関と実業界をブリッジするデザイン＆エンジニアリング企業として，社会のあらゆる問題を解決し，次世代の社会構築・制度設計の促進に貢献する

【組織のありたい姿】
Professional Design & Engineering Firm
自らの経験を基に，顧客の実状に合わせた技術や科学的知見を提供することによって高付加価値を実現する知識集約型企業

③企業を取り巻く環境

・度重なる自然災害
・近年の地球温暖化に伴う大雨や台風の強度や頻度の増加
・IoT，ロボット，AIなど新技術の進展
・爆発的に増大するデータとその重要性の増加
・社会全体におけるSDGsやESG経営などサステナビリティに対する関心の高まり

⑤人事戦略	⑥人材マネジメント上の課題あるいは方向性
・多様な人才を採用し，その成長を支援し，良い仕事ができる環境を提供して定着させる	・企業文化にあった，多様な人才の採用
	・所員が自由闊達に意見を交わし合い，活き活きと働ける場の創造
	・徹底した情報開示によるオープンな社風の醸成
	・一人ひとりに合った成長の場を用意する

(Human Capital Management Canvas)

事業内容：エンジニアリングコンサルティング及びプロダクツサービス
売上高：16,580（百万円）（2023.6月末）
従業員数：642人（2023.6月末）

②企業文化

【知識集約型企業としての4つの行動指針】
「自律・自立・機動力」
与えられた仕事や責任の範囲を超えて，自分自身が決めたゴールに向かって強い意志を持って挑戦していく
「独立性の維持」
自分達が社会にとって必要と考えるソリューションを，自分たちの判断で，自分たちが蓄積してきた経験知をもとに解決する
「多様性の尊重」
ジェンダーや国籍，年齢による区別をつけない姿勢を持つことによって活き活きとした組織を維持する
「透明性」
各ステークホルダーに対して透明性の高いガバナンス体制，組織としての目標を所員全員で共有し，その目標達成を目指す

④経営戦略

・今後のビジネスを担う優秀な人材の確保と育成
・付加価値向上と高い品質をベースとした既存事業の着実な推進
・中長期的な企業価値向上を目指した新たな事業の開発

⑦人材マネジメント施策（個人の強化・集団の強化）

・採用方法の改善（オープン型採用，選考フローの変更，多数回の面談を通してのカルチャーフィット重視，リファラル・アルムナイ等の活用，キャリア採用チームの強化，海外人才採用の強化）
・ミッションを共有し共感する施策の実施

・個人別の目標設定と運用管理
・MBB（Management By Brief：想いによるマネジメント）の運用
・職場環境の充実（所員交流のためのカフェ，ライブラリなど）
・健康経営（定期健診，非禁煙手当，マッサージスペースなど）

・フラットな自立分散型組織の構築
・会社の成長に見合った報酬の実現
・年間10回を超える全社イベント
・MVA（Mission, Vision, Action）報告会の実施
・社内表彰制度（個人およびプロジェクト対象）
・社内報発行

・複線型キャリアの導入
・所員の希望をベースにした社内異動の実施
・定年制の廃止
・セミナー受講，書籍購入費補助
・大学，研究機関，パートナーとの連携による研鑽
・部門横断的なプロジェクトチームの活用
・働き方の選択肢を増やす場としての，子会社設立

⑧人的資本指標（目標）

・所員基礎情報（年齢，勤続年数，年収，性別・国籍・採用区分別所員数・管理職比率等）
・採用人数（新卒/キャリア），キャリア採用比率
・離職者数/離職率（性別・国籍・採用区分別，入社時期別）
・障がい者雇用人数

・エンゲージメントスコア（やりがい，満足度，評価）

・休暇取得状況（産休取得者数，育休取得者数，育休後復職率，男性育休取得率，有給休暇取得率，有給休暇平均取得日数）

・労働分配率
・総付加価値（営業利益＋人件費＋付加給付）

・異動希望の実現率
・成長支援，育成に関する全社費用/時間
・エンゲージメントスコア（成長支援）

さて，ここまで「人的資本経営キャンバス」に従って，人的資本経営ストーリーを構成する各要素の書き方について解説してきました。こうして作成した構造計画研究所の人的資本経営キャンバスは，前頁の**図表3－5**のようになります。「人材マネジメント上の課題あるいは方向性」の各項目と，「人材マネジメント施策」の各項目，ならびに「人的資本指標と目標」の各項目は，行間を調整してなるべく横並びになるように記入します。そうすることによって，ストーリーのつながりと展開がわかりやすくなります。

4　人的資本経営ストーリーの検証

　最後に行うのは，人的資本経営ストーリーの検証です。ここでは2つのアプローチをご紹介します。

　第1のアプローチは，「企業の存在意義」からスタートして，「企業文化」→「企業を取り巻く環境」→「経営戦略」→「人事戦略」→「人材マネジメント上の課題あるいは方向性」→「人材マネジメント施策」→「人的資本指標」の順にみることによって，ストーリーがつながっているかを確かめるアプローチです。その際，1つの要素から次の要素に移る際は，「つなぎの文章」を入れてみると良いでしょう。例えば，「企業を取り巻く環境」から「経営戦略」に移る際には「こうした環境に対応するために次の経営戦略を設定しました」というつなぎの文章を入れたり，「経営戦略」から「人事戦略」に移る際には「以上の経営戦略を達成するための人事戦略は次のとおりです」という文書を入れたりしてストーリーがスムーズに展開するかを確認するのです。できれば誰かに聞いてもらって，ストーリーが通じるかを確認してもらうと良いでしょう。あまりにも専門的な内容であれば同じ会社の人しか理解できないかもしれませんが，多くの場合は全くその業界について知らなくてもストーリーが理解できるかどうかはわかるものです。人的資本経営の内容やその指標の開示対象は，専門家だけでなく一般の株主や求職者も含まれるわけですので，そういった方々にも伝わるようなストーリーとなっているかどうかも重要な確認ポイントだと思います。

　第2のアプローチは，第1のアプローチとは逆に，「人的資本指標」→「人

材マネジメント施策」→「人材マネジメント上の課題あるいは方向性」→「人事戦略」→「経営戦略」までを遡って見ていくアプローチです。

　最初に，それぞれの「人的資本指標」はなぜ選定されたのか，どの「人材マネジメント施策」に紐づいているのか，について確認します。

　次に，それぞれの「人材マネジメント施策」は，どの「人材マネジメント上の課題」を解決するのか，あるいは「人材マネジメント上の方向性」を満たすためにあるのか，について確認します。

　次は，一連の「人材マネジメント上の課題」を解決，あるいは「人材マネジメント上の方向性」を満たすことができたなら，人事戦略の実現につながるのかを確認します。

　そして最後に，「人事戦略」は「経営戦略」の達成に貢献するのか，について確認するのです。

　このアプローチによって，第1のアプローチによってなんとなく理解したつもりの人的資本経営ストーリーの不整合が見つかる場合があります。

　本章の最後として，構造計画研究所の人的資本経営について，同社の人的資本経営キャンバス（**図表3−5**）をもとに，検証してみましょう。まずは第1のアプローチからです。

　「①企業の存在意義」欄を読むと，同社の存在意義が「大学，研究機関と実業界をブリッジ」して，「社会のあらゆる問題を解決する」ことであることがわかります。そのために「②企業文化」欄には「自律・自立・機動力」という3つの原則が示されており，それらが同社の企業文化の土台になっています。「③企業を取り巻く環境」欄には同社の事業に大きな影響を及ぼす可能性がある自然災害や地球環境を中心に記載がされています。そして，こうした企業を取り巻く環境に対応するための「④経営戦略」として，人の力ではコントロールできない自然・社会問題への対応に備えて，柔軟に対応できる優秀な"人材"の確保がトップに位置づけられています。そうして確保した優秀な人材に期待するのは「既存事業の着実な推進」と「新規ビジネスの開発」です。経営戦略を達成するための「⑤人事戦略」は，「多様な人材を採用し，その成長を支援し，良い仕事ができる環境を提供して定着させる」というシンプルな内容です。当社は経営戦略にも「今後のビジネスを担う優秀な人材の確保と育成」を掲げて

おり，いわば経営戦略と人事戦略が同化しているといって良いでしょう。

　さて，この人事戦略を達成するには何が必要でしょうか。「⑥人材マネジメント上の課題あるいは方向性」を見ると，そこに４つ掲げてあります。それは，①企業文化に合った多様な人材の採用，②所員が自由闊達に意見を交わし合い，活き活きと働ける場の創造，③徹底した情報開示によるオープンな社風の醸成，そして④一人ひとりに合った成長の場を用意する，です。「⑦人材マネジメント施策」には，これら４つの課題それぞれに対して，具体的なアクションが示されています。例えば「①企業文化にあった，多様な人材の採用」に対しては，採用方法の変更，採用チームの強化，さらには全社員がミッションを共有し共感することによって新たに採用する人材も専門性の高さだけではなく企業文化にフィットする人材を選抜できるような体制作りを目指しています。そしてこれら一連のアクションが期待どおりに遂行されているのか，例えば遂行された結果として，同社が考える所員構成に近づいているのか，多様性が生じているのかなどを「⑧人的資本指標」によって随時チェックすることにしているのです。

　いかがでしょうか，これが構造計画研究所の「人的資本経営ストーリー」なのです。

　皆さんにもこの章で説明した流れに沿って，自社の人的資本ストーリーを「人的資本経営キャンバス」に落とし込んで作ってみたり，あるいは気になっている企業の公開情報をもとに「人的資本経営キャンバス」を作成してみたりして，人的資本経営ストーリーの構築や理解にお役立ていただきたいと思います。

第 **4** 章

人的資本経営キャンバスの
作成事例

　前章では，人的資本経営キャンバスの書き方について，事例をあげながら説明しました。

　本章では，人的資本経営の取り組みに熱心な企業6社にご協力いただき，それぞれの取り組みについて人的資本経営キャンバスをベースに説明したいと思います。

　本章で取り上げる6社は，社名の読み方の50音順（「株式会社」の表記を除く）に紹介するとANAホールディングス株式会社，SCSK株式会社，株式会社神戸製鋼所，サッポロホールディングス株式会社，BIPROGY株式会社，株式会社りそなホールディングス，となります。

　これらの企業を取り上げた背景には，次のような関心や知りたい点があったからです。

・人的資本経営という概念に賛同し，意欲的に取り組んでいる企業がどのような人的資本経営ストーリーを持っているのか知りたい
・運輸業界，情報・通信業界，鉄鋼業界，食品業界，金融業界といった様々な業界に属する企業の取り組みを比較することによって，業界が人的資本経営に与える影響の有無が見えるのではないか
・同じ業界に属する企業の取り組みを比較すると，企業の存在意義や文化の違いが人的資本経営に与える影響の有無が見えるのではないか
・6社の事例から，人的資本経営を強化しようと考えている企業，これから

人的資本経営を推進しようとしている企業に対して有益なヒントを与えることができるのではないか

それでは，こうした想いを抱きながらまとめた各社の事例をご覧ください。

各企業の人的資本経営キャンバスは，統合報告書や有価証券報告書等の公開資料をもとにして筆者が作成したものであり，各社が公式に作成し公開しているものではありません。すなわち，ご協力いただいた各社には取材の許可と内容の確認はしていただいてはおりますが，記述内容についての責任は筆者にあることを最初にお断りしておきます。なお，有価証券報告書や統合報告書は2024年2月末時点で入手できる最新のものを参照しております。

各社の事例ならびに事例に登場いただいた方々の所属・タイトルは，本書執筆時点（2024年2月）の情報をもとにしており，その後の校正の段階で変更があったものについては可能な限りアップデートしています。企業を取り巻く環境は都度変化し，それに伴って経営戦略や人事戦略も変わります。しかしながら，それらが変わっても，本書でお伝えする各企業の，人的資本経営ストーリーの考え方，組み立て方は時代を超えてご参考にしていただけると考えております。

本章では，人材を表す言葉として「人材」，「人財」，「人才」という表記が混在しておりますが，基本的に事例で取り上げた各社が採用している言葉を用いつつ，一般的な説明の際には「人材」を使うなど，使い分けるようにしております。

1．ANAホールディングス株式会社

| 会社の概要 |

　全日本空輸株式会社（ANAホールディングス100％出資）は，日本を代表する航空会社の１つであり，国内外の航空運送事業を主軸に据えています。ANAホールディングスは，全日本空輸（ANA）を中心とする企業グループで，航空機による旅客・貨物輸送のほか，航空関連事業，旅行事業，商社事業など多岐にわたる事業を展開しています。

　ANAの歴史は，1952年に日本ヘリコプター輸送株式会社として設立されたことに始まります。1953年に固定翼機による航空輸送サービスをスタートし，1958年には全日本空輸に社名を変更しました。国内線ネットワークの拡充を進めた後，1971年には初の国際不定期便を就航，1986年に国際線定期便の運航を開始するなど，国内外にわたる航空輸送サービスの提供に力を入れてきました。

　1980年代に入ると，ANAは国際線の拡大に力を入れ始め，アジア，北米，ヨーロッパへの路線を次々と開設しました。1999年にはスターアライアンスに加盟し，国際的な航空ネットワークを強化。2000年代には，LCC（ローコストキャリア）の台頭や環境問題への対応など，航空業界の変化に対応するための戦略を進めてきました。

　2013年には，いっそうの経営効率化と事業の多角化を目指し，ホールディングス体制に移行。グループ全体の統合的な経営を図り，様々な新サービスや技術の導入を進めてきました。近年では，デジタル化の推進，新たな顧客サービスの開発，エコフレンドリーな航空輸送の実現に向けた取り組みなど，業界のトレンドに合わせた革新的な事業展開を行っています。

　ANAホールディングスは，その長い歴史の中で，日本の航空業界を牽引し続けてきました。国内線の充実に始まり，国際線の拡大，そして事業の多角化に至るまで，常に時代の変化に対応し，成長を遂げてきました。国内外の多くの旅行者や貨物を運ぶとともに，日本の航空業界の発展に大きく貢献しています。

図表 4 - 1　ANAホールディングスの人的資本経営キャンバス

人的資本経営キャンバス

ANAホールディングス株式会社

①企業の存在意義

【グループ経営理念】
安心と信頼を基盤に、世界をつなぐ心の翼で夢にあふれる未来に貢献します

【グループ経営ビジョン】ワクワクで満たされる世界を

【グループ行動指針ANA's Way】「あんしん、あったか、あかるく元気!」
1. 安全（Safety）：安全こそ経営の基盤、守り続けます。
2. お客様視点（Customer Orientation）：常にお客様の視点に立って、最高の価値を生み出します。
3. 社会への責任（Social Responsibility）：誠実かつ公正に、より良い社会に貢献します。
4. チームスピリット（Team Spirit）：多様性を活かし、真摯に議論し一致して行動します。
5. 努力と挑戦（Endeavor）：グローバルな視野を持って、ひたむきに努力し枠を超えて挑戦します。

③企業を取り巻く環境

【社会】
・ESG経営　・カーボンニュートラル　・DX　・ポストコロナ　・ロシア・ウクライナ情勢
・原油高騰　・物価高騰

【マーケット】
・行動制限緩和による需要回復トレンド
・ビジネス渡航等、高単価需要の構成比縮小
・レジャーや友人や親族の訪問等、低単価需要の構成比拡大

⑤人事戦略

「人財・組織のありたい姿」

世界中の全グループ社員がいきいきと働いて個々の強みを発揮

①事業戦略と合致した人財ポートフォリオの構築

②変革を生み出す組織文化の醸成

③多様な人財が個の強みを発揮する全員活躍

⑥人材マネジメント上の課題あるいは方向性

・働きやすさの向上
　健康経営の推進

　柔軟な働き方の支援

　従業員の処遇改善

・働きがいの向上
　タレントマネジメントの強化
　キャリア自律化支援（人財育成、リスキリング）

　外部出向、修羅場研修による人財育成
　シニア人財のリスキリング

・企業文化の継承と進化
　多様な人財の活躍推進（DEI推進）

　挑戦する機会の充実（手挙げ文化の醸成）

　DXによる省人化、働き方改革

(Human Capital Management Canvas)

事業内容：1. 航空運送事業 2. 航空関連事業 3. 旅行事業 4. 商社事業 5. その他附帯事業
売上高：1,707,484百万円
従業員数：12,803名（連結40,507名）（2023年3月31日現在）

②企業文化

・「現在窮乏，将来有望」
どんなに厳しい苦境に遭遇しても決して腐らず，
明るい未来を信じて奮闘努力すれば，やがてきっと飛躍的繁栄の時がくる

・常に最善を追求するチャレンジ精神

「和協」
「和して同ぜず」の気概を持ち，徹底的に議論を重ね，目的達成のために一致協力していく

・目標に向かって協力するグループ総合力

④経営戦略

【経営戦略】
①エアライン事業の利益最大化
②航空非連動の収益ドメインの拡大
③ANA 経済圏の拡大

【ESG経営：重要課題】
①環境：CO2排出量の削減，資源類の廃棄率の削減，食品類の廃棄率の削減，生物多様性の保全
②人：人財（人手不足への対応，変革を実現する人財，組織づくり，人的生産性の向上）・DEI（持続的成長を担う人づくり，ユニバーサルなサービスの推進）・人権（人権尊重の徹底，責任ある調達の実現）
③地域創生：イノベーションを活用した社会課題解決への貢献，社会貢献と社会課題解決を通じた地域活性化

⑦人材マネジメント施策（個人の強化・集団の強化）	⑧人的資本指標（目標）
	・ANA's Wayサーベイ（全体）
－ 5つの重点テーマに沿った健康経営の取り組み強化	・ANA's Wayサーベイ（職場環境，働きやすさ）
	・ANA's Wayサーベイ（働く誇り）
－ サバティカル休暇，兼業・副業，カムバック，ワークプレイス選択など	・BMI適正者率，喫煙率，メタボ該当率，身体愁訴該当率
・グループ従業員の賃金復元	・有給休暇取得率/月平均時間外労働時間など
・事業戦略に合致したスキル保持状態のアセスメント	・ANA's Wayサーベイ（仕事のやりがい，達成感）
・階層別研修，経営スキル，海外実務研修等	・デジタル人財人数
・「お客様視点」の全グループ社員教育の展開	・グループ会社のプロパー比率（役員級/部長級）
・職種転換，グループ外出向，修羅場経験	
・ANA's Day研修，ANA's Way AWARDS	
・Good Job Programなど	
・女性の活躍推進，男性育児休職・休暇の取得推進，LGBTQ+の尊重，障がい者雇用など	・女性役員・管理職・新入社員比率，「育児休暇制度」対象男性社員の休暇取得率，外国人管理職比率，中途採用管理職比率，障がい者雇用率など
・グループ内転籍公募	・ANAブランド稼働人員数
・相互コミュニケーションの進化	・従業員と経営者の対話回数
・社内報を通じたグループの事業活動の共有	
・全社向けデジタル人財育成/リテラシー教育	

未来に向けて，ANAホールディングスは，安全で快適な航空サービスの提供はもちろん，持続可能な社会の実現に向けた環境対策や新技術の導入，顧客の多様なニーズに応えるサービス開発など，幅広い分野での挑戦を続けています。グローバルな航空市場での競争が激化する中，ANAホールディングスは，その革新性と対応力を武器に，さらなる成長を目指しています。

┃ 本事例のみどころ ┃

▶人事戦略を見ただけで，経営戦略が想い浮かぶような，両者の強い連動性を感じることができます。

▶ストーリーの全体にわたって「変革」や「挑戦」という企業文化や，企業からのメッセージが感じられます。

▶組織文化づくりのための社内のコミュニケーションと教育研修に非常に多くの投資を行っています。

▶「全員活躍」を掲げ，全グループ企業を巻き込んだ活動を行っています。

▶人的資本経営を推進するためのCHOポジションを新たに設置するなどガバナンスを強化しています。

┃ 解説 ┃

　ANAホールディングス（以下，本文では「ANAグループ」という表現も使用しています）の人的資本キャンバス（**図表4‐1**）をもとに，同グループの人的資本経営ストーリーを順に見ていきましょう。

①　企業の存在意義
　先般，ANAグループのリーダーの方々に対して，ANAグループを言葉で表すとどんな言葉が出てくるか，という質問をしてみました。すると共通して出てきたのが「安全」，「安心」，「信頼」という言葉でした。ANAグループの経営理念は「安心と信頼を基礎に，世界をつなぐ心の翼で夢にあふれる未来に貢献します」というものです。これが同グループの存在意義といえるでしょう。

社員が所属企業の存在意義を"肌感覚"で捉えているのは素晴らしいことだと思いました。

　グループ経営ビジョンは「ワクワクで満たされる世界を」です。これはANA創立70周年を機に，社員一人ひとりが未来の「ありたい姿」を語り合い，そのなかから刷新された同グループの新しい経営ビジョンです。世界中のグループ社員がいきいきと挑戦を続け，お客様や社会に寄り添いながら新たな価値を提供し，世界を期待や喜びで満たしたい，そんな想いが込められています。

　ANAグループには，行動の担い手となるグループ社員の声を広く集め策定した，グループの全社員が理念・ビジョンの達成に向け，持つべき心構えや，取るべき行動をあらわした「ANA's Way」というものがあります。この「ANA's Way」にも，安全，信頼，挑戦を感じさせるフレーズが並んでいます（**図表4-2**）。

図表4-2 　ANAグループ行動指針「ANA's Way」

私たちは「あんしん，あったか，あかるく元気！」に，
次のように行動します。

1. 安全（Safety）：安全こそ経営の基盤，守り続けます。
2. お客様視点（Customer Orientation）：常にお客様の視点に立って，最高の価値を生み出します。
3. 社会への責任（Social Responsibility）：誠実かつ公正に，より良い社会に貢献します。
4. チームスピリット（Team Spirit）：多様性を活かし，真摯に議論し一致して行動します。
5. 努力と挑戦（Endeavor）：グローバルな視野を持って，ひたむきに努力し枠を超えて挑戦します。

出所：同社資料

② 　企業文化

　「現在窮乏，将来有望」―この言葉は，全日空（ANA）の前身，「日本ヘリコプター輸送」の創業者であり，全日空初代社長の美土路昌一（みどろ・ますいち）氏が全日空社員に向けて掲げた鼓舞のメッセージです。どんなに厳しい苦

境に遭遇しても決して腐らず，明るい未来を信じて奮闘努力すれば，やがてきっと飛躍的繁栄の時がくることを意味します。美土路氏はまた，「和協」という言葉も残しています。これは，「和して同ぜず」（他人との付き合いの上で，安易に同調したりせず主体性を失わないこと）の気概を持ち，徹底的に議論を重ね，目的達成のために一致協力していく姿勢を意味しています。

　私は，再びANAグループのリーダーの方々に対して，ANAグループの文化を言葉で表すとどのように表現できるか，という質問をしてみました。すると出てきたのは「挑戦」という言葉でした。

　　"当社は国内初の純民間航空会社として２機のヘリコプターから事業を始めました。創業者の残した言葉にもあるように，「高潔な企業」，「権威に屈することのない主体性を持つ企業」，「独立独歩できる企業」として公共性を高く持ち，利益や権威に偏ることなく，自分たちの力で日本の航空事業発展に貢献していきたいという想いと，それに挑戦する企業文化が現在も引き継がれていると思っています"

③　企業を取り巻く環境

　同グループの事業活動全般に影響する環境を，社会情勢と市場の２つから見てみましょう。

　社会情勢の１番目にあげられるのは，世の中のESG経営の潮流です。ANAグループに限ったことではありませんが，航空業界が現在直面する大きな課題は，環境への影響と持続可能な運営です。ANAグループでも，バイオマスや廃食油などを原料とし，従来の燃料と比べてCO_2排出量を約80％削減可能といわれる持続可能な航空燃料（SAF）の使用を含め，カーボンニュートラルを推進しています。

　２番目の社会的情勢の潮流はDXです。ANAグループにおいてもDXによる事業のデジタル化とサービスモデルの変革は避けて通ることができません。具体的には，予約や搭乗手続きなどにおいて「非接触」・「セルフサービス」・「パーソナルサービス」の強化が求められるでしょう。

　３番目は，ロシアとウクライナの戦争の長期化です。これは，ANAグルー

プにも影響を与える可能性があります。この戦争は世界経済に広範な影響を及ぼしており，特にエネルギー価格の上昇や物流コストの増加が主な懸念です。また，世界的な経済の不安定性は，旅行需要にも影響を及ぼす可能性もあります。

市場の状況として特に変化が大きいのは，新型コロナウイルスの影響から回復です。航空事業を中核とする同グループにとって業績に非常に大きな影響をもたらしています。国内線の行動制限の緩和と国際線の入国制限緩和により，航空業界の環境が改善された結果，2023年3月期のANAグループの業績は黒字に転換しました。一方で，リモートワークの浸透によってビジネス渡航などの高単価需要が減少したり，観光などの低単価需要の構成比が相対的に拡大したりするなど，コロナ後の新たな環境変化を見越した経営戦略の立案が要求されています。

④　経営戦略

こうした環境下にあって，同グループは2023年から新たにスタートする「中期経営戦略」そして「ESG経営への取り組み」をそれぞれ立案しました。

ANAグループでは，新型コロナウイルス感染症による影響からの回復に向けて航空事業規模の一時的な縮小，航空事業モデルの変革，顧客データ資産の活用の3つの柱を掲げた事業構造改革を推進し，ビジネスモデルの変革を加速してきました。その甲斐もあり，収益面では，3期ぶりに通期で黒字化し業績回復を果たしました。このような中，2023-25年度を，成長回帰への足元固め，2030年に目指す姿の実現に向けた変革の3年間と位置付けています。そこで，①マルチブランドの最適化と貨物事業の拡大によってエアライン事業の利益を最大化しつつ，②事業分類に応じたリソース配分による航空非連動の収益ドメインを拡大し，③グループの持続的成長に向けたANA経済圏の拡大を図る，これが事業計画の3本柱です。

同時に，同グループでは企業の社会的責任を果たすべく「ESG経営」を独立させてその方向性を掲げています。

具体的には，①環境：CO_2排出量の削減，資源類の廃棄率の削減，食品類の廃棄率の削減，生物多様性の保全，②人：人財（人手不足への対応，変革を実

現する人財，組織づくり，人的生産性の向上）・DEI（持続的成長を担う人づくり，ユニバーサルなサービスの推進）・人権（人権尊重の徹底，責任ある調達の実現），③地域創生：イノベーションを活用した社会課題解決への貢献，社会貢献と社会課題解決を通じた地域活性化，の３つです。

　ANAグループは，2020年度から新型コロナウイルス感染症の影響や予測不能の環境変化が続く中，社員一人ひとりのモチベーションや自律性の高さにより工夫を凝らし，会社の危機をグループ一丸となり乗り越えてきました。この「人の力」と「組織の力」を生み出す源泉である人的資本への投資を強化することにより，多様な人財が個々の強みを発揮しながら変革を推進することが中長期的に会社の持続的な成長を支えていくと捉え，従前からANAグループの価値創造の基盤であった「人財」をESG経営における重要課題として追加しています。

⑤　人事戦略

　経営戦略のパートで見たとおり，同グループの経営戦略の中心はエアライン事業の利益最大化と新たな収益機会の創出です。そしてそれは，航空事業のみならず，グループ全体でのトランスフォーメーションが必要になります。

　この経営戦略を達成するためには，グループ全社員の活躍が必要であり，そのために同社が創業以来引き継いできた変革・挑戦という組織文化をさらに強化すると共に，グループ全社員の適材適所を目指すことが必要になります。そこで同グループは，「人財・組織のありたい姿」として，３つの姿を描きました（**図表４‐３**）。

　第１の「事業戦略と合致した人財ポートフォリオの構築」というのは，航空と非航空の２軸の経営戦略に合致したグループ全体の人財ポートフォリオの構築を行うということです。

　第２の「変革を生み出す組織文化の醸成」というのは，これまで以上に変わらなければ生き残れないという決意の表れだと思います。

　そして第３の「多様な人財が個の強みを発揮する全員活躍」というのは，まさしく本書の第２章で説明した「人的資本経営モデル」，すなわち，強い個を育て，個と個をつないで組織を強くする，という考え方と同一線上にあるもの

第4章 人的資本経営キャンバスの作成事例

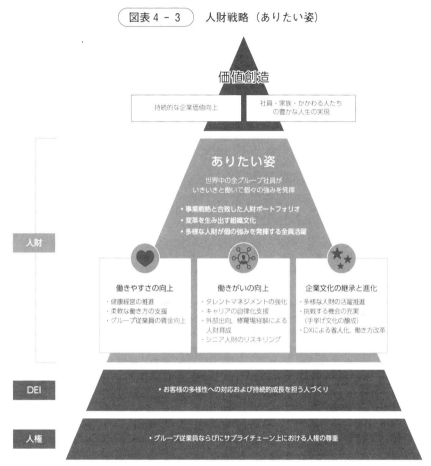

図表4-3 人財戦略（ありたい姿）

出所：同社資料

といえましょう。これらが同グループの人財戦略にあたるものです。

経営戦略と人財戦略の連動について，ANAホールディングスのグループ人事部担当部長である臼田洋樹氏は次のように述べています。

"ANAグループでは，人的資本経営という概念が注目を集め出してから何か新しい取り組みが始まったわけではなく，従来から企業戦略を意識して人財戦略を立案し，そこから人事施策を展開していました。我々のグループにとって人的

資本経営は経営戦略そのものです。経営会議でも，人づくりや組織づくりの話が頻繁に議論されています"

⑥　人材マネジメント上の課題あるいは方向性

　３つの人財戦略を実現するためには何が必要でしょうか。

　そのためにすべきことが，この「人材マネジメント上の課題あるいは方向性」欄に整理されています。

　ANAホールディングスでは，３つの人財戦略に対して３つの方向性を示しました。それが①働きやすさの向上，②働きがいの向上，そして③企業文化の継承と進化です。

　働きやすさの向上では，健康経営の推進，柔軟な働き方の支援ならびに従業員の処遇改善の３つを具体的な方向性として掲げています。

　社員の働きがいの向上では，タレントマネジメントを強化し，キャリア自律化の支援をしていくという方向性を打ち出しました。ここには，外部出向，修羅場研修による人財育成やシニア人財のリスキリングも含まれています。

　そして企業文化の継承と進化では，多様な人財の活躍推進（DEI推進），挑戦する機会の充実（手挙げ文化の醸成）ならびにDXによる省人化，働き方改革を掲げています。

　このように，これから行うべき取り組みの方向性を具体的に絞り込むと，次に検討するそれぞれの打ち手（人材マネジメント施策）をかなり具体的に紐づけることが可能となります。

⑦　人材マネジメント施策

　人財の活用を経営の軸に置くANAグループでは，人材マネジメント上の方向性に対して実に様々なアクションを講じています。同グループの非常に広範な取り組み一つひとつを説明するには紙幅が足りませんので，主なものだけピックアップしてご紹介します。

　まず，「健康経営の推進」については，2023年度から2029年度までの「中期健康経営計画」を策定し，2030年３月（2029年度末）をターゲットに５つの重点テーマ（**図表４-４**）に沿って「健康経営」の取り組みを強化しています。

第4章　人的資本経営キャンバスの作成事例　*67*

<table>
<tr><td colspan="2" align="center">図表4-4　健康経営の5つの重点テーマ</td></tr>
<tr><td align="center">テ ー マ</td><td align="center">主 な 内 容</td></tr>
<tr><td>フィジカル面での健康施策</td><td>・生活習慣病，がん，女性特有の疾病などの「予防」「早期発見」
・「若年層」「現在健康な社員」への「早期教育」による「将来の自分の健康への意識付け」など</td></tr>
<tr><td>メンタル面での健康施策</td><td>・働きやすい職場環境づくりやセルフケアの充実によるメンタル不調の未然防止
・ストレスチェック結果の有効活用や社内相談体制の充実によるラインケアの強化など</td></tr>
<tr><td>労働安全衛生法の確実な遵守と対応</td><td>・労災発生防止策の実施など</td></tr>
<tr><td>データ分析に基づく施策の展開</td><td>・蓄積された社員の健康データを分析し，ANAグループ特有の課題・傾向の洗い出しと対策</td></tr>
<tr><td>積極的な情報開示</td><td>・開示情報の拡充を図り，ANAグループの健康経営の取り組みや進捗状況をステークホルダーへ積極的に発信</td></tr>
</table>

出所：同社資料

　働きがいの向上では，タレントマネジメントの強化に取り組んでいます。人財戦略として，事業戦略と合致した人財ポートフォリオの構築を目指す同グループがまず取り組むべきことは，人財の現状を把握することです。どこにどのようなスキルを持った人財がいるのか，その人財をどのように育てるべきか。こうしたレビューを通してはじめてグループのケイパビリティとして何が足りないのか，それを埋めるためにどのような研修が必要なのか，どのような経験の場が必要なのかが明らかになるのです。

　事業のトランスフォーメーションとDXを活用した構造改革を目指すANAグループの場合は，タレントマネジメントを通して，グループ全体でのDX人財ならびに新規事業を含めた事業経営人財の育成など，世界中の全グループ社員がいきいきと働き，個々の強みを発揮できるグループを目指すべきだと判断しました。

　例えば，シニアのリスキリングやグループ外出向の取り組みはその一例です。グループ外出向の取り組みは，グループ社員が他流試合としてグループ外の企業・団体・自治体などに出向し，様々な職務経験や価値観をANAグループに持ち帰り発揮することで，自分自身とANAグループの成長につなげることを

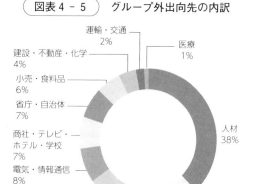

図表4-5 グループ外出向先の内訳

（ANA・2023年5月時点累計ベース）
出所：同社資料

期待しています（**図表4-5**）。

「和して同せず」の企業文化を大切にする同グループでは，企業文化の継承と進化のために非常に多くのしかけを導入しています。例えば，ANA's Day研修，ANA's Way AWARDSはその一例です。

ANA's Day研修は，ANAグループの創業時から変わらないDNAと努力と挑戦の歴史について学び，全グループ社員が自ら考え，行動につなげる研修です。また，ANA's Way AWARDSは，グループ行動指針である「ANA's Way」に基づき行動し，ANAグループの価値創造やブランド力の向上，企業文化の強化やグループ一体感の醸成に貢献した取り組みを表彰する制度です。

さらに，"褒める文化"を醸成する仕組みとして，2001年に「Good Job Program」をスタートさせました。これはもともと，同グループの現場を支える社員間ではじまった活動です。航空会社といえば，キャビンアテンダント（CA）やパイロットといった職種が注目されがちですが，4万人を超えるANAグループの社員の約8割以上は航空機の整備業務や丁寧かつ迅速に乗客を機内へと案内するグランドスタッフなどの現場業務に従事しています。そうした，同グループの「安心と信頼」を支える社員同士が互いにメッセージを伝え合った活動がグループの会社や部門を越えて拡がり，いまや年間100万件にも及ぶ感

謝・リスペクトのメッセージが飛び交っています。

　他にも，若手や中堅人財が直接参画し交流できる仕組みづくりなどを通じて，ボトムアップによる組織文化の変革に取り組んでいます。これを実現するために，人事評価にも力を入れました。具体的には，新しい経営ビジョンの実現に向けて，社員自身が「やりたい」・「取り組んでみたい」チャレンジングな目標を新たな評価項目として設定することとし，組織として対話をベースに支援を行うようにしました（「ワクワク×チャレンジ」制度）。

　ANAグループの企業文化の継承と進化を実現するためには，組織を構成する人財の多様性（DEI：ダイバーシティ・エクイティ・インクルージョン）も重要です。ANAホールディングスの上席執行役員グループCDO（Chief Diversity, Equity & Inclusion Officer, 2023年度現在）である種家純氏は，同グループの統合報告書（2023）の中でDEIについて次のように述べています。

> "多様性が活かされることによって生まれる価値や，品質・安全性の向上は，「ワクワクで満たされる世界」を目指す私たちの持続的成長を支える大切な要素です"

> "DEI推進によって生まれる，社員一人ひとりの能力がその属性や働き方の違いにかかわらず最大限発揮され「個の力」が「組織の力」につながる職場と，お互いを尊重しながら世代を超えて積極的に発信する企業文化は，ANAグループを支える基盤です"

　この発言から学ぶことができるのは，**DEIを経営ビジョン達成のため，あるいは企業文化の維持・醸成のためのアプローチの１つとして捉えていることと，DEIを個と個をつないで集団の力にする媒介の１つであると捉えている点**にあると思います。この視点はまさに「人的資本経営モデル」的な考え方ということになります。そして同グループは，女性の活躍推進，男性の育児休職・休暇の取得推進，LGBTQ＋の尊重，障がい者雇用の増加などに向けた様々な人材マネジメント施策を講じています。

　同グループのDEIの取り組みで非常にユニークな点は，"Our wings fly to the future（〜ミンナの翼で，未来を創ろう〜）"という合言葉の策定です（図

図表4-6　ANAグループにおけるDEIの合言葉

出所：同社資料

表4-6)。これは，グループ全社員がDEIの重要性を理解し実践していくうえで，各々の行動のベースとして意識するためものです。このフレーズにある「wings（翼）」には，一人ひとりの個性，特性や違いといった意味が込められており，一人ひとりが翼を大きく広げ飛び立つことで，ANAグループの未来を創っていこうという想いが込められています。人は物事をすばやく解釈しようとするものですので，このように視覚や語感を通したコミュニケーションは非常に効果的であるといえます。

「褒める文化」に加え，同グループが維持・継承すべきと考えている文化が「手挙げ文化」です。グループ内公募制度は，社員が自分の意志で挑戦する機会を与えるしくみであり，グループ全体で「手挙げ文化」を醸成していきたいと考えています。グループ社員の自律的な成長を支援する一方で，この施策には変革を生み出す組織文化を醸成するというねらいも込められています。

社員から新しい行動を引き起こすには，社員を動機づけなければなりません。そのためには，「なぜ行動を引き起こす必要があるのか」に対する答えを社員が自ら理解し，内発的に動機づけられることが必要です。そこで企業がすべきことは，社員が理解しやすいようにストーリーをまとめ，伝えることです。そのためANAグループでは，「相互コミュニケーションの進化」と「社内報を通じたグループの事業活動の共有」に力を注いでいます。中でも経営メンバーと

社員の相互コミュニケーションを充実させるために，非常勤取締役を含む経営陣全員が社員との対話を精力的に行っています。

⑧　人的資本指標

　これまで見てきたとおり，同グループでは経営戦略と連動した３つの人財戦略（人財・組織のありたい姿）を設定し，その人財戦略を実現するための課題を整理したうえで各課題に対するきめ細かいアクションを講じています。

　同グループが，様々な人材マネジメント施策がねらいどおりに効いているかどうかを確認するための人的資本指標の中心に置いているのが，ANAグループ社員意識調査（ANA's Way Survey）です。

　例えば「働きやすさの向上」という同グループが目指す姿が実現しているかどうかは，労働時間と職場環境に関するサーベイ結果を代替指標と見ており，また，「働きがいの向上」については仕事のやりがいに関するサーベイ結果を，「企業文化の継承と進化」については同グループで働く誇りに関するサーベイ結果に着目しています。

　一般的に，人材育成に関する取り組みはその効果測定が難しいといわれます。同グループではキャリア自律化支援のために様々な人材育成やリスキリングを行っていますが，比較的開示がしやすい「取り組み系の指標」（人材育成をどのくらいやっているかを示す指標。例えば研修時間や研修費用）ではなく，「結果系の指標」（研修がその目的を果たしているかを示す指標）で効果測定をしています。具体的には２つあります。１つは「デジタル人財人数」です。同グループの経営戦略に立ち返ると，その１つに「DXを活用した構造改革」というものが掲げられていました。DXを外部に委託するにせよ，社内の業務を理解している内部人材がデジタルを業務に活用できる知識やセンスを持っていなければDXによる構造改革などなかなかできるものではありません。そこで同グループでは，グループ各社の業務部門にデジタル担当をおいて育成することで，業務知識を軸にしたプロセス改革を行うとともに，DX推進部門には更にスキルの高いデジタル人財をおき，データの専門家としてプロジェクトなどを推進し課題の解決を図っています。また，サービスフロントや空港現場などから，ANAデジタル変革室やグループ会社のANAシステムズといったDX部門

へ公募によって社員を配置しました。これら社員はすべての人がデジタル領域に詳しかったわけではありません。そこでグループ全体のデジタルスキルの向上を図るため，人財成長を支援する独自のデジタル教育カリキュラムを新たにスタートし，社内デジタル人財の育成を推進しているのです。

ANAグループは，航空事業だけでもANAブランドの他に「エアージャパン（Air Japan）」，「ピーチ（Peach）」といったブランドを持ち，これら3ブランドそれぞれの特徴を生かしながらポストコロナの需要を幅広くカバーしようとしています。またこれ以外でも，車両整備を担う「全日空モーターサービス株式会社」や総合商社である「全日空商事株式会社」など，ANAブランドが社名につかない企業も少なくありません。事業戦略と合致した人財ポートフォリオの構築を進める同グループでは，グループ内異動などを通してANAブランド以外の成長ブランドにも人財を配置転換しようとしており，あわせてDXによる省人化などを通じた人的生産性向上を目指すため「ANAブランド稼働人員数」を人的資本指標の1つとしています。

同グループのユニークな人的資本指標の最後にご紹介するのは，従業員と経営者の対話回数です。社外取締役と担当者の対話を実施したり，経営層と社員の直接対話を実施したりしています。ANAグループ役員による「タウンミーティング」は驚くべきことに年間約2,700回にも達しました。

ここで，ANAグループの人的資本経営への取り組みの本気度を示すガバナンスの変更についてふれておきたいと思います。

人的資本経営を強化する方針を打ち出した同グループは，2022年度から経営陣と共に人的資本経営を推進する「グループCHO」を設置しました。そして2023年度には人財を経営の「重要課題」に加え，「企業変革会議」を新設しました。この会議は，グループの経営ビジョンの浸透，2025年度の生産性目標の達成ならびに働き方改革の推進（Well-beingの追求など）に向けて，全グループ社員を結集して取り組みを推進するものです。このように人への投資と育成を日常のマネジメントに組み込んで行うことによって，とかく好況時だけは投資するものの不況時には投資を中止するといったような企業とは一線を画することが期待できるでしょう。

さて，ANAグループの事例研究の最後に，同グループが導入しているリー

ダー研修「ANAグループビジネススクール」について紹介します。これは選抜型のリーダー育成のための研修です。具体的には8か月間もの長期にわたり，座学だけでなく社外でのフィールドワークを取り入れながら，グループ各社から選抜した人材を対象にグループを牽引するリーダーを育成しています。リーダーシップやプレゼンテーションスキルなどとともに特筆すべきなのが，人的資本経営に関する研修です。各参加者がANAグループの人的資本経営，すなわちグループ経営理念からグループ経営戦略，人財戦略，人材マネジメント施策ならびに人的資本指標までをあらためて確認し，それを自分の頭の中でストーリーとして整理したうえで，人に向かって説明します。そうすることによって，何となく資料を読んで理解していたつもりでいた知識がまだ十分ではなかったことに気づきます。そして，他人に対してまず自分の言葉でグループの人的資本経営を語れるようになって初めて，部下や同僚にも説明できるようになるのです。そしてそれによって，人的資本経営を自分ごととして捉え，リーダーとして組織ぐるみの取り組みにつなげていくようになるのです。

　おそらくANAグループにおいても，試行錯誤を繰り返しながら人的資本経営を推進していることと思いますが，グループ全体を巻き込んだ活動をしている点は素晴らしいことであり，他の企業グループの参考になると思います。

2．SCSK株式会社

会社の概要

SCSK株式会社（以後，文中ではSCSKあるいはSCSKグループといいます）は，日本の大手ITサービス企業で，その歴史は1968年と1969年にそれぞれ大阪で設立された「コンピューターサービス株式会社（CSK）」と「住商コンピューターサービス株式会社（住商情報システム）」に始まります。

コンピューターサービス株式会社は，1968年に大阪で創業者大川功氏によって設立されました。初期には，コンピューターシステムの開発に注力し，1980年代には，東京証券取引所市場第二部（1982年），第一部（1985年）に上場。1987年には，商号を株式会社CSKに変更し，2005年には純粋持株会社となり，株式会社CSKホールディングスに商号を変更しました。

住商コンピューターサービス株式会社は，1969年に大阪で設立されました。

1989年に東京証券取引所市場第二部に，1991年には市場第一部に指定替えし，1992年には商号を住商情報システム株式会社（SCS）に変更しました。2005年には，住商エレクトロニクス株式会社と合併し，その後，2011年に株式会社CSKと合併してSCSK株式会社に商号を変更しました。合併以降，現在に至るまで13年連続で増収増益を達成しています。

SCSKは，コンサルティングから，システム開発，検証サービス，ITインフラ構築，ITマネジメント，ITハード・ソフト販売，ビジネスプロセスアウトソーシング（BPO）など，ビジネスに必要なあらゆるITサービスをフルラインアップで8,000社を超える顧客に提供しています。

以前からSCSKは，「健康経営」や「働き方改革」における先進企業として知られており，現在に至るまで経済産業省の健康経営銘柄に唯一10年連続で選定されるなど社会的な評価を得ています。また，「働き方改革」という言葉が世の中に知られるようになるかなり以前から，業界の常識にチャレンジし働き方改革をリードしてきた企業です。

第4章　人的資本経営キャンバスの作成事例　*75*

｜本事例のみどころ｜

▶「人を大切にします」という社会との約束をベースに，健康経営とWell-Beingを起点として人的資本経営を推進しています。

▶人的資本経営に対する経営陣の本気度が非常に高く，人材投資について仮説・実行・検証を継続的に回しながら人的資本を高める経営に取り組んでいます。

▶個人や組織に対するインセンティブを上手に使って各種施策の浸透や定着を図っています。

▶直近5年間（指標によっては10年）の人的資本指標を継続して開示しており，中長期的な人材マネジメントの取り組みをしていることがわかります。

▶例えば「有給休暇取得率」や「平均月間残業時間数」といったどこの企業でも開示している指標であっても，それらの指標の改善に対する取り組みの本気度を世間に伝えれば非常にインパクトのある指標になることがわかります。

｜解説｜

　SCSKの人的資本キャンバス（**図表4-7**）をもとに，同社の人的資本経営ストーリーを順に見ていきましょう。

①　企業の存在意義
　SCSKグループの存在意義はその経営理念に示されています。
　それは，「夢ある未来を，共に創る」というもので，"お客様からの信頼を基に，共に新たな価値を創造し，夢ある未来を拓きます"という説明が添えられています。
　「夢ある未来を，共に創る」という経営理念は，顧客との信頼関係を基盤として，顧客とともに新たな価値を生み出し，理想的な未来を実現しようという意志を表しています。また，「夢ある未来を拓きます」という部分は，革新的なアプローチや先進的な技術を駆使して，新しい市場や可能性を切り開くことを意味しています。SCSKの経営理念は，顧客とともに成長し，社会に貢献す

図表4-7　SCSKの人的資本経営キャンバス

人的資本経営キャンバス

SCSK　SCSK株式会社

①企業の存在意義

【経営理念】夢ある未来を、共に創る
　　　　　　"お客様からの信頼を基に、共に新たな価値を創造し、夢ある未来を拓きます"
【3つの約束】
人を大切にします。
確かな技術に基づく、最高のサービスを提供します。
世界と未来を見つめ、成長し続けます。

【グランドデザイン2030（グループの目指す姿）】
"共創ITカンパニー～ITの、つぎの、幸せへ。～"　総合的企業価値の飛躍的向上、売上高1兆円への挑戦

③企業を取り巻く環境

【社会動向】
・日本政府は国際競争力強化に向けデジタル化を推進　・地政学リスクによるサプライチェーンの分断・不安定化
・エネルギー情勢を背景にした物価・人件費の高騰
【顧客動向/ITサービス産業動向】
・市場変化への対応に向けたITの内製化志向の高まり　・IT人材不足、顧客企業の内製化による獲得競争激化
【先進技術動向】
・AI、ロボット、IoT技術の実用化領域拡大・量子コンピューティング等、新たな技術革新の継続発生

⑤人事戦略

【人材戦略の基本的考え方】
SCSKグループの最大の財産、かつ成長の原動力は"人"であり、社員一人ひとりの"働きがい"を軸に、コアコンピタンスであるデジタル技術を活用して、お客様や社会と共にさまざまな社会課題の解決に貢献し、社会が必要とする新しい価値を創出しながら、社会と共に持続的に発展することを目指しています。

【人材マネジメントの基本方針】
2023年度よりスタートした新中期経営計画では、お客様や社会が必要とする経済価値と社会価値の創出を実現することに加え、人的資本価値を高めていくことで「総合的企業価値」の飛躍的な向上に向け、社員一人ひとりの「人材価値最大化」を基本方針として取り組んでいます。

【4つの重点施策】
・能力・スキルを高める、活かす「事業戦略と人材ポートフォリオ」
・能力・スキルを適切に評価し、成果に報いる「処遇・報酬制度」
・価値創出につなげる「Well-Being経営」
・多様性を尊重し活かす「ダイバーシティ＆インクルージョン」

⑥人材マネジメント上の課題あるいは方向性

【事業戦略と人材ポートフォリオ】
・持続的な人的資本の向上や確保の推進
・人的資本を最大限に活かすリーダーシップの開発
・人的資本の特性を活かす事業領域の設定

によって社員の能力・スキルを高め、活かす

【処遇・報酬制度】
・社員の人財価値を反映する制度
・会社の成長に対する社員の貢献を評価する制度

によって能力・スキルを適切に評価し、成果に報いる

【Well-Being経営】
・働きがい、誇りの実感とエンゲージメント向上
・健康経営施策の継続推進
・人との繋がりやコミュニケーションの多様化
・次世代ワークスタイルの確立やオフィス戦略

によってWell-Beingを価値創出につなげる

【ダイバーシティ＆インクルージョン】
・社員が能力を最大限に発揮できる環境整備
・多様な人材の採用・登用促進
・多様な価値観や意見を尊重する文化づくり

によって多様性を尊重し、活かす

(Human Capital Management Canvas)

事業内容：コンサルティング，システム開発，検証サービス，ITインフラ構築，ITマネジメント，ITハード・ソフト販売，BPO（Business Process Outsourcing）など
売上高：480,307百万円（2024年3月期連結）
従業員数：16,296名（連結），8,611名（単体）（2024年3月31日現在）

②企業文化

【行動指針】
Challenge
未来を変える情熱を持ち，常に高い目標を掲げ，挑戦する。

Commitment
お客様に対し，社会に対し，責任感を持ち，誠実に行動する。

Communication
仲間を尊重し，心を通わせ，チームワークを発揮する。

④経営戦略

"総合的企業価値" の飛躍的な向上に向け，
・お客様や社会に対して，新たな価値を提供し続けるため，事業分野，事業モデルを再構築する
・社員の成長が会社の成長ドライバーと認識し，社員一人ひとりの市場価値を常に最大化する
基本戦略1　事業シフトを断行～3つのシフト～
　　　　　　・成長力ある事業領域へのシフト・高付加価値分野へのシフト・高生産性モデルへのシフト
基本戦略2　成長市場において，市場をリードする事業を推進
基本戦略3　社会との共創による『次世代デジタル事業』を創出

⑦人材マネジメント施策（個人の強化・集団の強化） / ⑧人的資本指標（目標）

⑦人材マネジメント施策（個人の強化・集団の強化）	⑧人的資本指標（目標）
【事業戦略と人材ポートフォリオ】 ・iCDPによる人材価値最大化の取り組み ・人事制度（多様な人材の獲得と育成） ・専門性認定制度（高度デジタル人材の育成）	【人材ポートフォリオ・人材育成】 ・コンサルティング機能拡充・事業開発強化 　コンサル・ビジネスデザイン人材　500名以上
【変革と共感のリーダーシップ，プロフェッショナル人材】 ・マネジメント人材の育成 ・プロフェッショナル人材の育成 ・SCSK i-University（人材育成体系）	・デジタル先進技術者育成 　先進技術者育成研修修了者　3,000名以上 ・質の高いプロジェクト遂行 　高度PM人材　250名以上
【自律的なキャリア開発支援】 ・CDP制度（Career Development Plan） ・若手キャリア開発プログラム ・シニア向けキャリアプログラム ・人材公募制度（ジョブ・チャレンジ制度） ・社内FA制度（キャリア・チャレンジ制度）など ・自己研鑽の推進・支援	・全社教育・育成強化 　デジタルスキル標準教育修了者　10,000名以上
【Well-Being経営】 ・健康経営の取り組み ・健康わくわくマイレージによる行動習慣の定着 ・心身の健康とパフォーマンス発揮 ・働きやすさと働きがいの両立	【Well-Being・D&I推進】 ・働きやすさと働きがいの実感 　エンゲージメント　90％以上 ・心身の健康とパフォーマンス発揮 　パフォーマンス発揮度　90％以上
【ダイバーシティ・インクルージョン（D&I）】 ・D&Iの推進 ・組織風土醸成（経営アドバイザリセッション等） ・多様な人材の活躍に向けた取り組み（女性活躍，障がい者活躍，育児・介護等との両立支援・LGBTQ施策）	・多様性と包摂の深化 　部長級の女性数　3倍以上

ることを目指すという強いコミットメントを表しています。これは，同社が掲
げる「3つの約束」も同様です。

【3つの約束】
人を大切にします。
確かな技術に基づく，最高のサービスを提供します。
世界と未来を見つめ，成長し続けます。

この「3つの約束」は，経営理念「夢ある未来を，共に創る」のもと，
SCSKが企業の持続的な成長と社会への貢献を目指すために設定され，社員，
顧客，そして社会全体に対する同社の責任とコミットメントを明確にしたもの
です。

ここで注目すべきは，「人を大切にします」という文章が3つの約束の先頭
にあることです。SCSKグループの人的資本経営は，まさにここからスタート
しているのです。

② 企業文化

SCSKの企業文化を考えるにあたり，同社の行動指針（**図表4-8**）を見て
みましょう。

（ 図表 4 - 8 ） SCSKの行動指針

Challenge	未来を変える情熱を持ち，常に高い目標を掲げ，挑戦する。
Commitment	お客様に対し，社会に対し，責任感を持ち，誠実に行動する。
Communication	仲間を尊重し，心を通わせ，チームワークを発揮する。

出所：同社資料

同社の前身企業である住商コンピューターサービス株式会社は住友商事グ
ループの一員として高い信頼感とグローバルな視点をDNAとして持っていま
す。もう一方の前身企業であるコンピューターサービス株式会社（CSK）は，
独立系として業界内で独自のポジションを築いてきた，行動力と積極性を

DNAとして持っています。

それら2つのDNAが合体したSCSKは，信頼，チームワーク，挑戦，情熱という言葉が適した企業文化が形成されてきたといえるでしょう。

③　企業を取り巻く環境

SCSKグループを取り巻く環境は，社会動向，顧客動向，ITサービス産業動向，そして先進技術動向という4つの主要な要素に分けることができます。

社会動向では，日本政府が国際競争力を強化するためにデジタル化を推進していることが挙げられます。この政策は，国内企業にとってデジタルトランスフォーメーションを加速させる絶好の機会を提供します。一方で，地政学リスクによるサプライチェーンの分断や不安定化，そしてエネルギー情勢を背景とした物価と人件費の高騰は，ビジネス運営において新たな挑戦をもたらしています。これらの要因は，企業がコスト効率とリスク管理に更に注力する必要があることを示しています。

顧客の動向・ITサービス産業の動向に目を向けると，市場の変化に迅速に対応するため，多くの企業がITの内製化に興味を示しています。この動きは，顧客企業との間で優秀なIT人材の獲得競争を激化させています。顧客企業における内製化の志向は，ITサービス企業にとって新たな戦略的アプローチを模索するきっかけとなっています。

先進技術動向では，AI，ロボット，IoT技術の実用化が進んでおり，これらの技術は多様な産業で活用が拡大しています。また，量子コンピューティングをはじめとする新たな技術革新が継続して発生しており，これらは長期的に見て，業界のパラダイムを変える可能性を秘めています。

こうした環境を背景に，SCSKでは次に説明する「2030年　共創ITカンパニー」の実現に向けた経営戦略を立案しています。

④　経営戦略

SCSKは，2030年までのグループの目指す姿（グランドデザイン2030）を描き，その実現に向けて中期経営計画を策定しています。同社はその目指す姿を，次の言葉で表現しています。

"2030年　共創ITカンパニー〜ITの，つぎの，幸せへ。
総合的企業価値の飛躍的向上，売上高１兆円への挑戦"

　これは，SCSKグループが人的資本力の向上をもって顧客やパートナーとともに社会課題の解決に貢献するビジネスを創り出すことによって「2030年　共創ITカンパニー」の実現を目指すことを表しています。

　これを実現する成長ドライバーは，人材力・技術力といった人的資本の価値向上にあり，この意味で「グランドデザイン2030」にも，人的資本経営の概念が組み込まれています。

　さらに，「売上高１兆円への挑戦」という，従来とは異なる非連続な価値創出を前提に，「総合的企業価値」の飛躍的向上を図っています。ここでいう「総合的企業価値」とは，非財務要素を包含した企業価値であり，具体的には資本市場から求められる「経済価値」，持続可能な世界に貢献する「社会価値」，そして，能力開発や環境整備などを含む投資により引き出される能力価値である「人的資本価値」の３つから構成されています。

　中でも，「人的資本価値」が「社会価値」と「経済価値」を伸ばす成長ドライバーであり，社員の成長とその市場価値を常に最大化することが，総合的企業価値の向上につながると同社は考えています。

　SCSKグループでは，総合的企業価値の飛躍的な向上に向け，2023年から新たな３年間の中期経営計画をスタートさせ，次の３つの基本戦略を掲げました。

　　基本戦略１　事業シフトを断行〜３つのシフト〜
　　　　　　　・成長力ある事業領域へのシフト
　　　　　　　・高付加価値分野へのシフト
　　　　　　　・高生産性モデルへのシフト
　　基本戦略２　成長市場において，市場をリードする事業を推進
　　基本戦略３　社会との共創による『次世代デジタル事業』を創出

　これらの基本戦略を実現するには，同時に経営基盤の強化が欠かせません。そのための戦略として，「技術ドリブン推進」，「人材価値最大化」，「共感経営の推進」という人的資本経営と密接につながる戦略を策定しています。ここで

も，同社が人の成長を通して企業の持続的成長を実現しようとしている本気度が伝わってきます。

人的資本経営について，社長の當麻隆昭氏は同社の統合報告書において次のように述べています。

> "今後，総合的企業価値の向上を図る上で，社員一人ひとりの市場価値，人材価値の最大化に取り組む必要があります。私が考える人的資本経営の本質は，社員の持てる能力，価値を引き出し，その力を最大限発揮できる業務環境の整備，あるいは事業分野，事業モデルを再構築することで，豊かな社会の発展に寄与していくということです。人が最大の財産であり，成長の原動力でもある当社グループでは，人的資本経営は経営そのものであると言えます。心身の健康に加えて，パフォーマンスも高く，そしてやりがいを持ちながら能力を存分に発揮できる環境を整備するために，人材価値最大化の取り組みを進めます"

（一部抜粋）

⑤　人事戦略

SCSKの人事戦略（同社では人材戦略）は「人材価値最大化」という言葉に集約されます。そしてこの人事戦略を実現するために，4つの重点施策を設定しています。

1つめは「事業戦略と人材ポートフォリオの連動」，2つめは「処遇・報酬制度の見直し」です。これらによって，事業戦略と人事戦略の連動を強化し，また社員の成長や会社への貢献に報いる体制を整えます。

3つめは「Well-Being経営」，4つめは「ダイバーシティ＆インクルージョン」です。SCSKは，これらの推進のために専任組織を設置し，担当役員をアサインしています。これまで取り組んできた働き方改革や健康経営を土台とし，社員一人ひとりが働きがいを実感し，社会へ価値を創出し続けるWell-Being経営の実現を目指しています。

⑥　人材マネジメント上の課題あるいは方向性

この4つの重点施策の目指す先はどのようなものなのでしょうか？

「事業戦略と人材ポートフォリオ」では，持続的な人的資本の向上や確保の

推進，人的資本を最大限に活かすリーダーシップの開発，人的資本の特性を活かす事業領域の設定を目指しています。この施策は，事業戦略と人事戦略を連動させ実行する軸となる施策ですので，ここでその２つを連動させるやり方について触れたいと思います。

　SCSKには，それぞれ500人〜2,000人の社員で構成されている６つの事業グループ（産業，金融，ソリューション，プロダクト・サービス，モビリティ，ビジネスデザイン）があり，各事業グループ単位でも中期計画を策定します。そこでは，３年後の目指す姿とその各事業のKPI，売り上げ・利益に加え，営業戦略，組織戦略，技術戦略，投資戦略，そして，人材戦略が策定されます。ここでさらに，事業本部や部という単位毎に，３年後の目指す姿を実現するためにどのような人材が必要か，その専門性や人数，その増減方法について具体的な計画が策定されます。これが人材ポートフォリオ計画です。これを全社でまとめると，全社的な３年間の人材ポートフォリオ計画とそのために実行すべき人材戦略・人材投資戦略が集約され，これを基に人材戦略本部がその実行施策，育成やシフト，中途採用・新卒採用計画など全社共通の施策を立案し，人材戦略会議という全社的な会議体で各事業グループ長へ提示し，その承認を得て実行に移すというプロセスがとられています。

　人材戦略は，社員一人ひとりの育成プランと仕事のアサインメント（割り振り）につながっていきます。

　社員一人ひとりの市場価値を最大化するうえで，SCSKにはもう１つ重要な考え方があります。事業戦略立案の際には市場ニーズやトレンドから事業・案件を選択するのが一般的です。SCSKではこれに加え，社員の能力を高める機会となる事業や案件，あるいは社員の持つ能力を最大限に発揮できる事業分野や事業モデルを再構築するという考え方も重要視しています。１つ例をあげると，社内に分散していたセキュリティビジネス人材を全社的に統合し，さらに子会社化したケースがあります。これは，同社の人的資本も１つの起点として事業に発展させたケースです。

　「処遇・報酬制度」という２番目の重点施策が目指すところは，成長していく社員の能力・スキル・人材価値を適切に評価し，また，会社の成長に対する社員の貢献を高く評価するためのしくみづくりです。

３番目の重点施策である「Well-Being経営」の目指すところは，働きがい・誇りの実感とエンゲージメント向上，健康経営施策の継続推進，人とのつながりやコミュニケーションの多様化，そして次世代ワークスタイルの確立やオフィス戦略によってWell-Beingを価値創出につなげることです。

そして４番目の重点施策である「ダイバーシティ＆インクルージョン」は，「Well-Being経営」と併せて社員が能力を最大限に発揮できる環境整備を行うとともに，多様な人材の採用・登用促進，多様な価値観や意見を尊重する文化づくりを通して社員の多様性を尊重しながら活かすことを目指しています。

⑦　人材マネジメント施策

SCSKが人材価値最大化のために取り組んでいる人材マネジメント施策は非常に多岐にわたっています。ここでは前項で見た人材価値最大化のための４つの重点施策ごとに見ていきましょう。

重点施策の第１は，「事業戦略と人材ポートフォリオ」です。

"人的資本経営は経営活動そのもの"である同社では10年以上前から様々な人事施策に取り組み，それによって獲得・育成した人的資本の可視化を進めてきました。この結果，会社が保有する専門人材の数，保有する資格，トレーニング受講情報，新卒・キャリア採用数といった人材ポートフォリオの状況が随時つかめるようになりました。同社は，2023年からスタートした中期経営計画で，人材価値最大化に向けた事業戦略と人材戦略の連動の強化を打ち出しましたが，それができるようになったのはこうした土台を長年かけて整備してきたからこそといえます。

人的資本の現状が可視化されると，それをどのように拡充すべきかの戦略が検討できます。これが人材ポートフォリオ計画にあたります。具体的には，能力開発のどの分野を強化すべきか，誰を対象に何をリスキリングすべきか，採用計画をどうすべきか，に関する方向性が議論できるのです。そして成長事業・次世代事業へ人材をシフトさせていくことで事業の成長に連動させ，一方で社員に対して成長と働きがいにつながる業務を担当させることで人材価値の最大化を図ります。この一連の流れを，同社では「人材価値最大化の基本サイクル」と呼んでいます（**図表４-９**）。

図表 4 - 9　人材価値最大化のサイクル

ビジネス環境変化

事業ポートフォリオ
事業戦略

経営理念・マテリアリティ
グランドデザイン2030

中期経営計画

事業シフトを断行
（成長力、高付加価値、高生産性）

成長市場をリード
する事業を推進　『次世代デジタル
事業』を創出

人材価値最大化

事業戦略に対応した人材戦略
Well-Being
ダイバーシティ＆インクルージョン

人材ポートフォリオ

変革＆共感リーダー

プロフェッショナル人材

人材ポートフォリオ
人材戦略

人材戦略の実行

自律的・戦略的・統合的なキャリア開発
iCDP(Integrated Career Development Plan)

採用
新卒・キャリア

CDP

教育
i-University

認定・評価
専門性認定制度

配置・経験
リスキル、ローテーション、配属

HCMシステム

報酬・働き方・健康・ベネフィット

出所：同社資料

　図表4 - 9の左側は，ビジネス環境の変化に伴って変化する事業戦略と人材戦略を連動させながら，人材価値の最大化を目指す姿が描かれています。また，そこから導き出された人材戦略の実行においては，右側のiCDP（Integrated Career Development Program＝自律的・戦略的・統合的なキャリア開発）のサイクルを，様々な施策で回しています。この中で，同社にとって重要な4つの施策をご紹介します。

⑴　専門性認定制度

　専門性認定制度は，SCSKが2012年から取り組んでいる，同社の成長ドライバーとなるIT人材の充足度を可視化する仕組みです。合併前から各社で検討・実施されており，合併後に今の形に整備されました。同社ではITの専門能力を18職種7段階のレベルで認定することで，営業職と技術職の専門性を可視化し，現状と目指す状態とのギャップの把握を通して社員の成長を促しています。同社には2024年3月時点で約6,000人の専門性認定者がいます。専門性の認定は，同社の専門性の高さを示す代替指数でもあるため，多くの労力を費やしています。具体的には，認定基準が知識と実務経験で構成されているため，本人

が知識を習得するだけでなく上司や組織による業務の割り当てが不可欠となります。また，大量の認定資料の作成や，認定審査の実施を担当する社内のハイレベル技術者への依頼や日程調整などが生じます。このように，全社的な協力のもと組織と本人が主体となって推進している施策です。

⑵ IT人材のリスキリング

専門性認定制度のベースとなるITの職種は，事業戦略や時代の変化に合わせて都度変化をしていきます。現在，IT業界は，従来型のITサービスからデジタルトランスフォーメーション（DX）のようなデジタルビジネスや新技術への過渡期にあります。その中で，従来のIT人材にリスキリングプログラムを適用することにより，さらに高度なデジタル人材へシフトさせ，人材価値の向上を目指しています。

⑶ SCSK i-University（アイユニバーシティ）

人材価値の向上を支える人材育成体系として「SCSK i-University（アイユニバーシティ）」を，10年以上かけて整備し，現在では約200以上のプログラムが開講されています。その内容は，キャリア開発・リーダーシップ開発，ITの専門能力開発やリスキリングなど多岐にわたり，時代の変化にあわせて社員の人材価値向上を図っています。

⑷ MBO（Management By Objectives：目標管理）とCDP（Career Development Plan：キャリア形成）

SCSKでは，成長意欲と能力発揮それぞれに目標を設定する2つの制度（MBOとCDP）を導入しています。

成長意欲に関しては，CDPで3年後の成長目標を設定し，上司と検討した学習計画と業務の実施を通して成長意欲を高めます。能力発揮に関しては，MBOで単年ごとに事業への役割と貢献目標を設定し，専門能力を発揮しつつ会社の企業価値向上に貢献することを通して個人の能力向上と企業の価値向上の両立を狙います。

重点施策の第2は，「処遇・報酬制度」です。SCSKは，複線型の人事・キャ

リア体系を導入しました。これは，多様な人材が自律的に能力開発に取り組んで実力を発揮できるように，キャリアパスごとの期待・役割に応じて最適な人材育成と処遇を実現する人事制度です。そしてその枠組みの中で高度人材の育成・獲得が可能となるよう，職掌の一つとして「ADV職掌」を設けました。技術変化が著しく，高度化が進むIT業界においては，高い専門性を保有する人材の価値が高まっています。そのような高度専門人材を獲得し社内に留めるには，通常の処遇体系だけでは対応できないのが現実です。そこで同社は，新たな職掌を設置することによって，年収3,000万円超も実現可能な制度を用意しました。

　重点施策の第3は，「Well-Being経営」です。

　SCSKの人的資本経営はこの取り組みが起点となりました。SCSKは，「心身の健康に加えて，仕事に対する充実感や働きがい，社会に役立っているという実感が，社員一人ひとりの幸福感＝Well-Beingにつながる」という考えの下，Well-Being経営の取り組みを強力に進めています。Well-Being経営の土台は働き方改革と健康経営です。

⑴　働き方改革

　働き方改革の施策として同社が2013年から取り組み始めたのが，「スマートワーク・チャレンジ」です。当時のIT業界は，長時間労働が常態化したブラック業界といわれており，休めない・帰れないという状況が当然と思われていた中で，社員が疲弊していました。SCSKは，このままでは会社の成長は見込めないと考え，まず，「社員の健康を守る」ために働き方改革へ大きく舵を切りました。もちろん「働き方改革」という言葉などまだない時代です。具体的な目標として，残業時間を月間20時間以下，有給休暇20日（100％取得）を全社員がクリアすることを掲げました。

　実行にあたっては，目標達成時の組織インセンティブの導入など，様々な施策が導入されました。組織インセンティブとは，1,000人以上の事業グループという大きな組織単位ごとに，波のある業務を組織長である役員がマネージし，組織の社員全員の残業時間の平均値が目標を達成できたら，組織の全員が特別ボーナスをもらえる，という非常にフェアな仕組みです（**図表4－10**）。

第4章　人的資本経営キャンバスの作成事例　87

　この「スマートワーク・チャレンジ」推進の結果，約3年をかけて有給休暇の取得率は90％を超え，平均残業時間は20時間を下回るまでになりました（**図表4－11**）。

　当時，残業を減らして有休をとらせたら，売り上げや利益が減る懸念がある，といわれていましたが，SCSKの営業利益は下がることなく，同社のチャレンジはそれまでの常識をくつがえす結果となりました。私も長くIT企業で働いた経験があり，残業削減のプロジェクトなどにも関わりましたが，当時の経験を思い起こしながらSCSKの取り組みと成果を見ると，大げさではなく驚異的な結果であると言わざるを得ません。

図表4－10　スマートワーク・チャレンジ

【目的】仕事の質とやりがいを高める働き方改革を
- 残業時間20時間/月，年休20日（100％）取得を目標
- 目標達成時の組織インセンティブ導入（賞与加算）
- 月次で取り組み状況をデータで可視化＆全社共有
- 勤怠の月次承認ルール変更（80時間超は社長承認等）
- 賞与加算を廃止して固定残業制へ移行

出所：同社資料

図表4－11　スマートワーク・チャレンジの効果

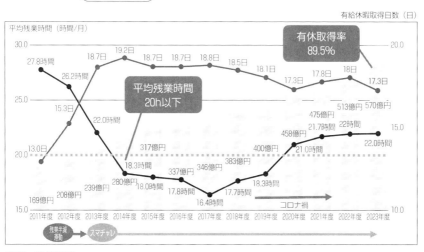

出所：同社資料

(2) 健康経営

健康経営の施策の中心は，2015年から始めた「健康わくわくマイレージ」です。これは，健康に良い行動習慣の定着と健診結果の良化をめざす取り組みです（**図表4－12**）。

具体的には，毎日1万歩以上ウォーキングを行うといった行動習慣などをポイント化し，目標達成時にインセンティブを与える仕組みが運用されています。一般的に健康の維持・強化は，個人の責任に委ねる企業が多い中，SCSKはそ

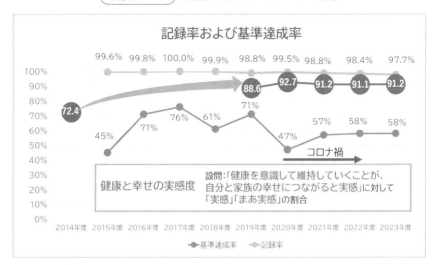

図表4－12　健康わくわくマイレージ

【目的】健康に良い行動習慣の定着および健診結果の良化
- 目標達成時の組織・個人インセンティブ導入（賞与加算）
- 月次で取り組み状況をデータで可視化＆全社共有
- 役員にはどきどきマイレージを導入（～2019年度）
- 様々なヘルスリテラシー研修や健康アンケートの実施

出所：同社資料

図表4－13　健康わくわくマイレージの効果

出所：同社資料

れを個人だけでなく組織全体で取り組んでいます。

図表4-13は，その効果を示しています。

働き方改革の流れで，組織全員で取り組むという意識が浸透していたこともあり，健康わくわくマイレージの行動の記録率はスタートから100％近くを維持しています。

一方で，行動習慣の基準達成率については，最初は45％という結果でした。その後，組織インセンティブの効果や健康意識の高まりと共に，達成率は76％まで上昇しました。その後，達成基準の複雑化やコロナ禍でウォーキングが出来なくなったことなどを理由に上下しましたが，直近では達成率58％まで回復しています。

SCSKが働き方改革や健康経営の施策を始めてから10年以上たった今，社員の意識がどのように変化しているのかを見てみましょう。

働き方改革は，従業員エンゲージメントにも影響します。同社では，新型コロナウイルス拡大時に少し残業が増えました。しかしそれでも，従業員エンゲージメント項目のひとつである，「働きやすい会社である」という質問に対して「そう思う」，「ややそう思う」と回答した社員の割合は，90％以上を維持しています（**図表4-14**）。SCSKでは現在もスマートワーク・チャレンジ，

図表4-14　働き方改革と社員エンゲージメントの関係

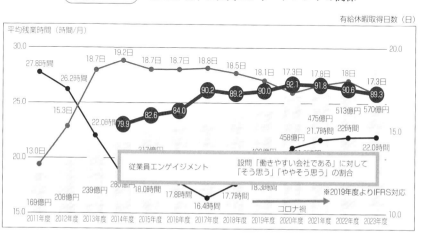

出所：同社資料

健康わくわくマーレージを継続しており，このことは社員に対して，同社が働き方，そして社員を常に大事にしていることを伝えるメッセージにもなっています。

SCSKの健康経営の取り組みの最後として，2023年にスタートした「健康経営アライアンス」を紹介します。この取り組みは，「社員の健康をつうじた日本企業の競争力向上と企業健保の持続可能性の実現」をミッションとした活動で，2024年4月30日現在，392の企業・団体が参画しています。SCSKは，自社の健康経営の活動を自社の中だけにとどめず，社会全体の健康経営推進に寄与する目的で，この活動の幹事会社を務めています。

重点施策の第4は，「ダイバーシティ＆インクルージョン」です。

同社の執行役員でDEBI・Well-Being推進担当の河辺恵理氏は，同社のD&Iの取り組みのこれまでと今後について次のように説明してくださいました。

"2012年にダイバーシティ推進の専任組織を設置して以来，女性をはじめ障がい者，シニアの活躍といった「属性の多様性（Profile Diversity）」から取り組みを進めてきました。いま当社は"単なる女性活用を超えた"段階へ進みたいと考えています。今後，さらに重要なのは意思決定の場での多様性を確保するとともに，「思考内容・能力の多様性（Thought Diversity）」および「表明

（図表4―15）　SCSKの人的資本施策の変遷

		～2019年度 働きやすい職場環境・人材育成	2020～2022年度 人財投資の強化	2023年度～ 人材価値最大化
基盤整備	働き方改革	スマートワーク・チャレンジ どこでもWORK	スマートワーク・プラス（兼業・副業） ニューノーマルに対応した新しい働き方	**Well-Being経営** 働きやすさと働きがいの実感 心身の健康とパフォーマンス発揮 多様性と包摂の進化
	健康経営	健康わくわくマイレージ		
	D&I	女性活躍、両立支援	シニア人材活躍、LGBTQ	
基盤強化	制度基盤	複線型人事制度、65歳完全雇用		人材価値・成長貢献重視
	キャリア支援	専門性認定制度、キャリア開発基盤構築（iCDP） 人材公募・FA制度		高度デジタル人材育成
	人材育成 組織開発	人材育成体系 i-University	Re-Skillingプログラム 若手キャリア開発プログラム	事業戦略（事業分野・モデルの再構築）と 人材ポートフォリオ戦略
		自己研鑽活動促進 （コツ活）	組織開発プログラム	変革に向けてのリーダーシップと共感経営
支援				生成AIの活用（SCSK Generative AI）

出所：同社資料

される意見・見解の多様性（Opinion Diversity）」をしっかりとビジネスで活かし価値創出につなげることだと考えています。"

図表4-15は，これまでに紹介してきたSCSKの人的資本施策の変遷です。SCSKは現在，人的資本経営を推進する代表的な企業の1つですが，そこに至るまでには，経営陣の強いリーダーシップと組織長のマネジメントのもと，社員全員を本気で巻き込んで，10年以上かけて協力して基盤づくりを進めてきた道のりがあったことを忘れてはなりません。

⑧ 人的資本指標

最後に，SCSKがこれまでに見てきた人材マネジメント施策の効果をどのように測定・開示しているのかについてみてみましょう。SCSKは人的資本の開示においても非常に広範かつ詳細に行っていますので，細かい開示項目は「人的資本経営キャンバス」を参照していただくこととし，ここでは同社の人事戦略が達成できているかを測る「結果系」の指標について紹介します。

まず，人材ポートフォリオ構築・人材育成の取り組みの効果については，従来から取り組んでいる先進技術者育成に加え，コンサルティング機能の拡充や新規事業開発強化を担うコンサル・ビジネスデザイン人材，質の高いプロジェクト遂行とマネジメントができる高度PM人材，デジタルトランスフォーメーション（DX）に対応したデジタルスキル向上について指標を開示することで，ステークホルダーへ経営目標達成への具体的なプロセスを理解していただくとともに，社内にも主体的に対象となる職種領域へ挑戦を促すことを狙っています。

Well-Beingに関しては，その施策取り組み効果として，「有給休暇取得率」，「平均月間残業時間」などとともに，社員が実感する"働きやすさと働きがい"によるエンゲージメントの向上と，"心身の健康"によるパフォーマンス発揮の向上は，技術の変遷や事業環境の変化に関わらず求められる基盤的な事項であり，同社の人的資本価値を高める上での重要指標として設定されています。

SCSKは，長時間労働があたりまえと思われているIT業界において業界に先駆けて働き方改革を実施し，2023年3月期も業界では短い残業時間（月平均残業時間22時間）と高い有給休暇取得率（91.8％）を達成しています。**人的資本**

の開示というと，何かユニークな数値を考えなければならないと思われがちですが，そうではありません。どこの企業でも測定・開示している残業時間や有給休暇取得率なども，それが企業にとって意味があり，高い目標を目指すコミットを企業がするならば，十分に説得力のある開示指標になると思います。

　ダイバーシティ＆インクルージョンの取り組み成果は，育児休業取得人数や取得率，復職率，平均取得日数，マタニティ休暇など育児関連休暇取得者数，介護休業／介護休暇取得者数など，多くの指標がきめ細かく把握されている他，部長級の女性数を３倍にすることを目指し，測定・開示がなされています。

　非常に広範かつ詳細な人的資本の開示を長期にわたり行っていることに対して，前出の河辺恵理氏は次のようにお話ししてくれました。

　"当社では今年，中期経営計画の中で，人材価値最大化に向けた新しい目標値の設定をして開示しています。この目標値の裏側には事業と連動したシナリオが存在するため，この数字が実行されることが当社の総合的企業価値の向上に具体的に寄与していきます。また，この数字の公表は，社会的な要請に向けた開示である一方で，社内に向けても実行目標の宣言となっています。できてもできなくても，他の非財務情報と同様に，成果について開示していく予定です。"

　同社の當麻隆昭社長は，社長であると同時に健康経営推進最高責任者でもあります。當麻氏はこう言っています。

　"役職員とその家族を幸せにしなければなりません"

　このように，企業トップをはじめとした経営陣の強い信念があってはじめて，人的資本経営が実体を伴ったものになり，その情報を受け取るステークホルダーも企業の本気度を感じるのだと思います。

　今から10年以上も前，長時間労働がIT業界の常識だった時代に，率先して働き方改革を進め，社内外に対して様々な仕掛けを立て続けに打つことによって実現してきたSCSK。成功要因は様々ですが，その大きな１つが，顧客さえも動かした"経営陣の本気度"であったといえるでしょう。

3．株式会社神戸製鋼所

会社の概要

　1874年に洋糖引取商として創業した鈴木商店は，「国益を増進させる」ことを企業理念として，当時，日本が輸入に依存していた工業製品の国産化に取り組み，1917年に当時のGNPの1割に匹敵する売り上げを計上し，日本一の総合商社となりました。

　この間の1905年，鈴木商店は神戸・脇浜において小林清一郎氏の経営していた小林製鋼所を買収し，神戸製鋼所と改称しました。神戸製鋼所はその後，1911年に鈴木商店から分離し，神戸市脇浜町に「株式会社神戸製鋼所」として設立されました。

　「神戸製鋼所」というと，その名前から「鉄鋼メーカー」というイメージが一番に浮かびますが，「KOBELCO」ブランドのもと，2022年現在，251社のグループ会社を有し，連結で38,488名が22か国でビジネスを展開している企業グループです。

　同グループの主な事業領域は，素材（鉄鋼やアルミなど），素形材（鋳鍛鋼やアルミ鋳鍛など），溶接材料などからなる「素材系事業」，産業用機械，エンジニアリング，建設機械からなる「機械系事業」，さらに，製鉄所の自家発電操業で永年培った技術・ノウハウを活かした「電力事業」の3つが主力事業となっています。

　そのほか，1928年に創部した国内屈指の強豪ラグビーチームであるコベルコ神戸スティーラーズを有しています。

　同グループが提供する技術・製品・サービスは，自動車・航空機・造船・鉄道などの「Mobility」，容器材・電機・エレクトロニクスの「Life」，建築土木・環境・エネルギー設備・都市交通システムなどの「Energy & Infrastructure」といった私たちの生活を支える社会の多様な領域で活躍しています。

| 本事例から特に学べる点 |

▶ 創業当時から脈々と受け継がれる精神をベースにした「グループ企業理念」が人的資本経営の出発点となり，経営戦略や人事戦略にも大きな影響を与えています。

▶ 同グループの特徴の1つは，その歴史の長さです。
「我々は何処から来て」，「我々は何者で」，「何を目指していくのか」という問いをもとに，過去と未来をつないだストーリーが構築されています。

▶ 設備投資にせよ，人材育成にせよ長期的な視点が求められる重厚長大産業にあって，かつ，地域経済を支える存在の中で，伝統を守りながらも多くの新しい取り組みにチャレンジしています。

▶ 人材の育成を長期的視点で取り組み，管理職，スタッフ，オペレーターなどそれぞれの役割毎に細かな研修体系を構築し長く継続しています。

| 解説 |

神戸製鋼所の人的資本キャンバス（**図表4－16**）をもとに，同社の人的資本経営ストーリーを順に見ていきましょう。

① 企業の存在意義

KOBELCOグループは，2005年の創立100周年を機に制定した3つの企業理念を2017年に改称し，「KOBELCOの3つの約束」として，以下の3つを定めました。

1．信頼される技術，製品，サービスを提供します
2．社員一人ひとりを活かし，グループの和を尊（たっと）びます
3．たゆまぬ変革により，新たな価値を創造します

同時に，上記3つの約束を果たすためにグループ全社員が実践する行動規範として「KOBELCOの6つの誓い」を新たに定めました。

1. 高い倫理観とプロ意識の徹底
2. 優れた製品・サービスの提供による社会への貢献
3. 働きやすい職場環境の実現
4. 地域社会との共生
5. 環境への貢献
6. ステークホルダーの尊重

その後，2017年に公表した品質事案を契機に，2019年には「社会的存在意義の明文化プロジェクト」がスタートしました。このプロジェクトの目的は，閉鎖的だった同グループの企業風土を変えるべく，「我々は何者なのか」，「何を目指していくのか」をあらためて見つめ直し，企業理念を明文化することにありました。また，その際重視したのは，ボトムアップでつくり上げるという制定プロセスでした。

この活動を経て，2020年5月に「KOBELCOが実現したい未来」「KOBELCOの使命・存在意義」を新たに定め，先に定めた「KOBELCOの3つの約束」「KOBELCOの6つの誓い」と併せてグループ企業理念が体系化されました。

「KOBELCOが実現したい未来」は，"安全・安心で豊かな暮らしの中で，今と未来の人々が夢や希望を叶えられる世界。"です。同グループが生み出す技術や製品，サービスは，社会のインフラを支えるものであり，ゆえに今を生きる人々だけのものではなく，未来を生きる人々のためのものでもあります。そこで，人々の安全・安心な暮らしと，美しく豊かな地球環境が続く未来であることを前提に，その上で新たな便利さや快適さをつくる価値が生まれ，人々の夢や希望が叶えられていくというKOBELCOグループの世界観が表現されています。

KOBELCOグループはその使命・存在意義を「個性と技術を活かし合い，社会課題の解決に挑みつづける。」と定めました。社員一人ひとりの個性と多事業領域を支える様々な技術は，時代のニーズに向き合い培ってきた同グループの資産であり強みだからです。社会の基盤を支えながら，より難易度の高まる課題を解決するため，組織や常識の枠にとらわれず挑みつづける意志がこの存在意義に込められているように感じます。

図表4－16 株式会社神戸製鋼所の人的資本経営キャンバス

人的資本経営キャンバス

KOBELCO 株式会社神戸製鋼所

①企業の存在意義

【KOBELCOが実現したい未来】
安全・安心で豊かな暮らしの中で，今と未来の人々が夢や希望を叶えられる世界。

【KOBELCOの使命・存在意義】
個性と技術を活かし合い社会課題の解決に挑みつづける。

③企業を取り巻く環境

・カーボンニュートラルへの移行・社会変革
・サステナビリティの潮流
・デジタルトランスフォーメーション
・鉄鋼業界の構造的問題
・コロナ禍を契機とした産業構造の変化
・調達コストアップとサプライチェーンリスク

⑤人事戦略	⑥人材マネジメント上の課題あるいは方向性
・組織の多様性を高める	・多様な人材の採用
	・D&I推進
・一人ひとりの成長・挑戦を促す	・人材の育成
	・成長・挑戦意欲につながる配置
	・能力・役割に応じた処遇
・活躍できる環境を整備する	・働き方変革推進
	・人権意識の向上
	・安全・健康な職場づくり
	・エンゲージメントの向上

(Human Capital Management Canvas)

事業内容：鉄鋼アルミ，素形材，溶接，機械，エンジニアリング，建設機械，電力事業など
売上高：2,472,508百万円（連結，2023年3月）
従業員数：38,488人（連結，2023年3月31日現在）

②企業文化

【KOBELCOの3つの約束】
1. 信頼される技術，製品，サービスを提供します
2. 社員一人ひとりを活かし，グループの和を尊（たっと）びます
3. たゆまぬ変革により，新たな価値を創造します

【KOBELCOの6つの誓い】
1. 高い倫理観とプロ意識の徹底　2. 優れた製品・サービスの提供による社会への貢献
3. 働きやすい職場環境の実現　　4. 地域社会との共生
5. 環境への貢献　　　　　　　　6. ステークホルダーの尊重

④経営戦略

安定収益基盤の確立
①鋼材事業の収益基盤強化　　　　　　②新規電力プロジェクトの円滑な立上げと安定稼働
③素材系事業戦略投資の収益貢献　　　④不採算事業の再構築
⑤機械系事業の収益安定化と成長市場への対応

カーボンニュートラルへの挑戦
①生産プロセスにおけるCO_2削減　②技術・製品・サービスによるCO_2排出削減貢献

⑦人材マネジメント施策（個人の強化・集団の強化）	⑧人的資本指標（目標）
・採用チャネルの拡大 ・キャリア採用の拡大 ・D&I推進ロードマップの策定と実行 ・ダイバーシティネットワーク（DNW）活動	・新卒採用女性比率（事務系・技術系） ・女性管理職比率 ・障がい者雇用率 ・外国籍社員数 ・育児のための特別休暇取得率（男性社員） ・10年未満離職率 ・育児休暇復帰率
・ものづくり力の強化に向けたOJTと階層別教育 ・動画教材を活用した自律自走教育 ・LMS（Learning Management System）の導入 ・DX人材育成，KOBELCO TQM人材育成	・総研修受講時間（延べ） ・1人当たり平均受講時間 ・DX人材の育成人数
・キャリアトライ制度の導入 ・転勤の頻度低減，負担感軽減に関する施策	
・「業務改善表彰」の実施，改善事例の全社展開 ・テレワークと出社の組み合わせの定着化 ・両立支援の拡充につながる新たな休暇制度の導入 ・フレックスタイム制のコアタイム廃止 ・オフィスの見直し	・時間外労働時間 ・年次有給休暇取得日数（率） ・総実労働時間
・人権デューデリジェンスの実施 ・人権に関する教育	
・メンタルヘルス活動，健康保持増進活動 ・安全衛生教育の拡充 ・NEXT100プロジェクト 　経営幹部と社員との対話活動 　「語り合う場」の開催 　「KOBELCOの約束賞」創設 　研修施設内に「KOBELCO 約束の場」設立	・休業災害度数率 ・社員意識調査の実施継続

②　企業文化

　先に紹介した「KOBELCO３つの約束」は同グループの価値観であり，「KOBELCOの６つの誓い」は同グループの行動規範ですので，同グループの社員全員がこの価値観に従って誓いに示された行動をとり続けていると，それらがやがて社員にとってあたり前の行動と感じられるようになり，ひいては同グループの企業文化として根付いていくことになります。

　とはいえ，企業文化は一朝一夕で形作られるわけではありません。むしろ，「社会的存在意義の明文化プロジェクト」がスタートした目的の１つが閉鎖的だった同グループの企業風土を変えることにあったことから考えると，長い歴史によって培われた企業文化を変えるのはとても難しく，時間がかかると思います。そうであるからこそ，グループ企業理念を体系化して明示したり，人材マネジメント施策に反映させるなどして，事あるごとにこれに触れる機会を設けることはとても大切なことだといえるでしょう。

　同社の人事労政部担当部長の田辺圭氏は，KOBELCOグループの企業文化について同グループの価値観を表す「３つの約束」に照らしながら，次のようにお話ししてくれました。

　　"信頼" については，社会からの信頼と社員からの信頼という２つの見方ができると思います。当社は120年近くにわたって社会を支える製品を世に送り出してきており，信頼される技術，製品，サービスを提供するというマインドは社員の誰もが持っていると言えます。ただし，当社は2017年に品質に関わる不適切事案を多くの部門で発生したことを公表しました。この事案は，お客様をはじめ，社会にご迷惑を掛け，多大な影響を与えました。これによる社会からの信頼感の低下，社員の会社に対する信頼感の低下は大きなものがあり，今もなお地道に信用回復のための取り組みを行っておりますが，この経験を教訓とするために今後も取り組みを継続して行っていく必要があります。一方，社員間の信頼感は昔も今もとても高いものがあります。若手の社員に当社の良い点を聞くと必ず出てくる答えが「若いうちから責任ある仕事を任せてもらえる」です。この傾向は私が入社した30年前から変わっていません。

　　"協働" の文化はかなり強いと思います。これ自体はとても良いことなのですが，

一方で，キャリア採用で入ってきた人の中には，長年の歴史の中で形成されてきた当社の文化になじめない方がおられます。これからの時代，多様性をもっと加速していかなければいけない状況にあって，真に人材の多様性をインクルーシブ（融合）していくことに引き続き注力していかなければなりません。

③　企業を取り巻く環境

　同グループの事業活動全般に影響する環境は，大きく分けて3つあります。

　1つめは，鉄鋼業界の構造的な問題です。日本の鉄鋼業界は高い生産コスト，国際競争の激化，環境基準の厳格化に直面しています。地政学リスクの高まりに起因するエネルギー価格の上昇と原材料コストの増加，サプライチェーンリスク増加は，利益圧迫の要因となっています。同時に，新型コロナウイルス感染症を契機とした産業構造の変化，半導体不足による自動車産業の低迷，国際情勢の不透明感による市場の動向にも注意が必要です。

　2つめは，技術革新です。デジタルトランスフォーメーションは，同グループにとっても生産効率の向上，コスト削減，品質管理の最適化をもたらしています。

　3つめは，サステナビリティの潮流です。サステナビリティの潮流は，日本の鉄鋼業界にカーボンニュートラルへの移行を促しています。これにより，同グループは環境に配慮した製造プロセスの導入，再生可能エネルギーの活用，排出量削減技術の開発に力を入れています。しかし，これらの変更は大規模な投資と技術革新を必要とし，同グループにとっても大きな挑戦となっています。しかし，これらの取り組みは国際的な競争力を維持し，長期的な持続可能性を確保するために不可欠です。したがって，こうした環境を念頭に入れた経営戦略の立案が求められるのです。

④　経営戦略

　こうした環境に対応すべく，2021年度からスタートした中期経営計画では最重要課題として「安定収益基盤の確立」と「カーボンニュートラルへの挑戦」の2つを掲げました。

　「安定収益基盤の確立」のための施策としては，①鋼材事業の収益基盤強化，

②新規電力プロジェクトの円滑な立上げと安定稼働，③素材系事業戦略投資の収益貢献，④不採算事業の再構築，⑤機械系事業の収益安定化と成長市場への対応，の5つを重点施策と掲げ，取り組んでいます。

また，「カーボンニュートラルへの挑戦」に対しては，①生産プロセスにおけるCO_2削減，②技術・製品・サービスによるCO_2排出削減貢献，に取り組んでいます。

こうした取り組みはおおむね順調に推移しているものの，VUCAの時代にあって，すべてが当初の想定とおりに進むことは考えられません。KOBELCOグループでは，次期中期経営計画を立案中（2024年1月現在）ですが，同グループを取り巻く環境から考えれば，「安定収益基盤の確立」と「カーボンニュートラルへの挑戦」は，今後も継続して経営戦略の基軸になっていくものと思われます。KOBELCOグループは，「安定収益基盤の確立」と「カーボンニュートラルへの挑戦」をどのように達成しようと考えているのでしょうか。これらの経営戦略を達成するための人事戦略とはどのようなものなのでしょうか。

⑤　人事戦略

KOBELCOグループは，「安定収益基盤の確立」と「カーボンニュートラルへの挑戦」を共に達成するためには，新たな価値の創造をしなければならないと考えました。そしてそれを，社員の能力開発，働きやすく安全な環境の整備，多様な人材が活躍できる制度構築などの人材への投資を通して実現していこうと考えました。これはまさに，人的資本経営の考え方です。

また，この人的資本経営の取り組みは，環境や制度の整備などのハード面に加えて，ソフト面においても一人ひとりが率直に意見を言い合えるような職場づくりが大事であるとの考えを持っており，こうした考えに基づいて同グループでは次の3つをグループの人事戦略として掲げました。

1．組織の多様性を高める
2．一人ひとりの成長・挑戦を促す
3．活躍できる環境を整備する

ここで，経営戦略と人事戦略との連動について考えてみましょう。KOBEL-COの経営戦略である「安定収益基盤の確立」・「カーボンニュートラルへの挑戦」と，人事戦略である「組織の多様性を高める」・「一人ひとりの成長・挑戦を促す」・「活躍できる環境を整備する」は，一見あまり連動性が高くないようにも感じます。しかし私は次のように捉えました。すなわち，同グループの経営戦略が2021年からスタートした中期経営計画だけでなく今後も引き継がれていくであろう中長期戦略であるという見方に立てば，それを支える人事戦略も中長期のものがふさわしいといえます。したがって，新たな価値の創造を通して中長期経営計画の実現を目指す同グループにとっては，それを実現する社員の力を中長期的に高めようとしているのは，むしろ同グループらしさが表れていると感じました。

⑥　人材マネジメント上の課題あるいは方向性
　3つの人事戦略を実現するためには何が必要でしょうか。そのためにすべきことが，この「人材マネジメント上の課題あるいは方向性」欄で整理されています（**図表4-17**）。
　まず，「組織の多様性を高める」という戦略を実現するには，組織に多様な

図表4-17　3つの人材戦略と5つの主要課題

| 組織の多様性を高める | 多様な人材の採用 |
| | D&I推進 |

一人ひとりの成長・挑戦を促す	成長・挑戦意欲につながる配置
	能力・役割に応じた処遇
	人材の育成

活躍できる環境を整備する	働き方変革推進
	人権意識の向上
	安全・健康な職場づくり

出所：同社資料

人材を受け入れる必要があります。そこで，多様な人材の採用を促進し，D&I を推進し，それによって多様な人材の活躍を推進する必要があるのです。

次に「一人ひとりの成長・挑戦を促す」という戦略を実現するには，狭義の人材育成だけでなく，成長・挑戦意欲につながる配置や能力・役割に応じた処遇が必要となります。

最後に「活躍できる環境を整備する」という戦略を実現するには，働き方変革を推進して多様な社員が様々なライフイベントに遭遇しながらもこの会社で長く働き続けることができるような仕組みづくりが必要ですし，何より社員が健康を維持することが活躍する前提になります。また，多くの巨大な設備があるこの会社ではちょっとした油断が大きな事故につながる可能性が高いため，安全衛生には最大の注意を払う必要があります。そして最後は社員のエンゲージメントを高いレベルで維持していなかければなりません。

以上のような方向性を目指して，そのそれぞれの実現に向けた人材マネジメント施策を導入していくのです。

⑦　人材マネジメント施策

多様な人材を採用するための施策として，同グループでは採用チャネルの拡大とキャリア採用の拡大に取り組みました。これには一例として，OB・OGやリクルーターとの座談会，実際に働くイメージを膨らませる工場見学会，インターンシップの実施など，同グループで働く社員との接点を設け，そこに働く「人」の魅力を最大限に感じてもらう機会を数多く用意した採用活動の取り組みがあります。その結果，同グループへ入社した社員の多くが入社を決めた理由として「社員の魅力」をあげるようになっています。

キャリア採用については，同グループでは過去10年以上も前から注力しており，現在ではキャリア採用者の在籍比率が30％を超えています。

KOBELCOグループというと，私の世代では誰もが知っている超優良企業ですが，BtoBビジネスということもあって，現在ならびに次の世代を担う若者世代の認知は昔ほどではなくなっているようです。そこで同グループでは，この業界の企業としては珍しく企業CMを作成し，CMと連携した採用活動の展開を始めました。同グループからこの話を聞いて私が教鞭を執っている大学院

の学生でもある若きビジネスパーソンにこの話をしたところ，すぐに同グループのCMに出ている女優さんのお名前を言っていました。CMの影響力は大したものです。

　こうして採用した多様な人材は，活用して初めて組織に多様性をもたらします。

　そこで同グループは「多様な人材の活躍推進（D&I推進）を掲げて，例えば「経営層のD&Iメッセージの発信」や「人権・ハラスメント防止研修の実施・強化」，「女性技能系配属先職場の拡大」，「仕事と生活の両立支援制度の拡充」などといった「D&I推進ロードマップ」（**図表4‐18**）を策定し，実行しています。

　さらには，有志メンバーが主体となって職場のD&Iについてテーマ毎に改善を目指す草の根活動である「ダイバーシティネットワーク（DNW）」の活動が会社のD&I推進を後押ししています。

　また，人材育成に関する施策としては，ものづくり力の強化に向けたOJTを人材育成の基本としつつ，階層別教育や動画教材を活用した自律自走教育やLMS（Learning Management System）の導入，経営戦略の達成にも関わる

図表4‐18　D&I推進ロードマップ

2021年度	2022年度	2023年度		2030年度
		マテリアリティに対する目標達成		目指す姿の達成
経営層のD＆Iメッセージの発信		経営層の継続的なメッセージ発信		一人ひとりが個性と強みを発揮し、成長を実感する
人権・ハラスメント防止研修の継続実施・更なる強化		「人権基本方針」に従い、差別・ハラスメントを許さない職場づくりを継続		
	多様な人材に対するリーダー育成	多様な人材を育成する仕組みの再構築		
女性・外国籍・障がい者採用強化による多様性向上		多様で優秀な人材の確保・定着		多様な人材が活躍できる新たな風土を作る
	女性技能系配属先職場の拡大			
仕事と生活の両立支援制度の拡充		柔軟な働き方整備		KOBELCO ONE TEAMで挑戦し、多様なアイデアや経験から新たな価値創造を実現する
	育児・介護等長期休暇中の職場リリース確保			
	選択型・自主獲得型教育へのシフト・定着	自律的なキャリア意識の醸成		
多様な人材を育成するためのマネジメント力強化		多様な人材が強みを発揮できるマネジメント力の強化		
全社横断でのコミュニケーション機会の創出		組織の枠を超えたコミュニケーション活性化		
D＆I方針・目標の設定・取り組み内容等の情報発信		D＆Iを通した未来の会社ビジョンの共有化		

出所：同社資料

DX人材，TQM人材，海外人材などの育成を行っています（**図表4-19，4-20**）。

　動画教材は，とかく「会社が与えて終わり」になりがちですが，同グループでは，会社貸与・個人所有の端末を問わず学べる体制を整えたり，学びの好事例を共有・横展開する場を提供したりしながら，社員が学び・活用しやすい環境を整えています。その結果，導入時に会社が想定した以上に多くの社員が活

図表4-19　KOBELCOの人材育成

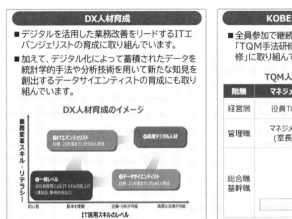

出所：同社資料

図表4-20　神戸製鋼所の人材育成

出所：同社資料

図表 4 - 21　キャリアトライ制度

ポジション提示型	ポジション提示 -PlusOne型	オープン ポジション提示型
※従来の人材公募	現部署の業務と兼任 ※2022年12月新設	社員自身が希望異動先を提示 ※2023年6月新設

出所：同社資料

用し始めています。ある「個」が強くなることを横から見ていた他の「個」が，自らもそれに追従し，結果として「集団」の強さにつながっている好例です。

　成長・挑戦意欲につながる配置を実現するためには，例えば「キャリアトライ制度」の導入を行いました（**図表4 - 21**）。

　この制度は，会社主導の配置だけではなく，自律的にキャリアを形成し，学び，成長できる機会を支援するために，社員自らが希望する部署へチャレンジできる社内公募制度です。

　業務変革は，日々の絶え間ない改革が必要です。そこで同グループでは，「業務改善表彰」を実施し，優秀な取り組みを表彰するとともに，その改善事例を全社展開することによって組織力の強化を図っています。

　働き方変革を実現するために，転勤の頻度低減，負担感軽減に関する施策を講じたり，テレワークと出社の組み合わせの定着化を図ったり，両立支援の拡充につながる新たな休暇制度の導入（KOBELCOライフサポート休暇）（**図表4 - 22**），フレックスタイム制のコアタイム廃止をしてきました。

　テレワークやオンライン会議が浸透していくと，これまでの働き方をベース

図表 4 - 22　KOBELCOライフサポート休暇

取得理由	病気、介護/看護、休校休園、ボランティア、子の育児、治療(不妊治療含む)、骨髄ドナー、学び直し等
制度概要	■ 毎年4月に5日の休暇(有給)を付与 ■ 最大60日まで積み立て可能 ■ 子の育児は半日単位、その他は1日単位で取得可

出所：同社資料

図表 4 - 23　健康経営戦略マップ

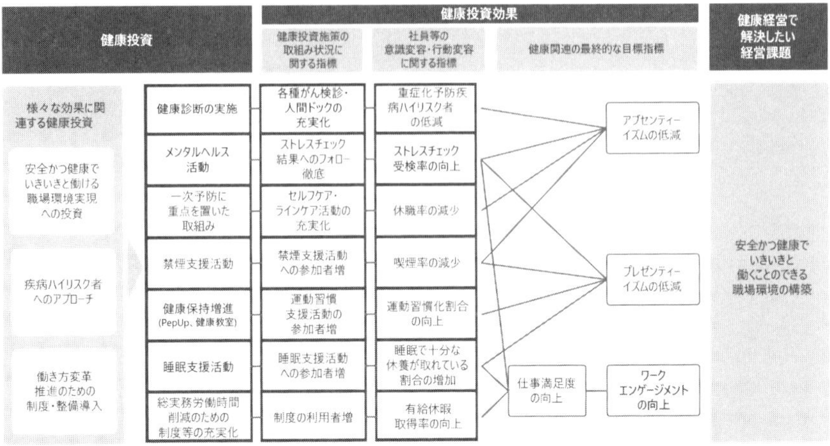

出所：同社資料

にしたオフィスの在り方も変わってきます。そのため同グループではオフィスの見直しを順次行い，生産性高く働ける職場環境の構築に取り組んでいます。

　健康経営，安全衛生の推進のためには，メンタルヘルス活動，健康保持増進活動，安全衛生教育の拡充など様々な取り組みを行っており，同グループではこれらを「健康経営戦略マップ」にまとめています（**図表4 - 23**）。

　同グループの一連の活動は，社員に認識されてはじめて，社員がやる気を高め，持てる力を伸ばし・発揮し，それが中長期的に企業の成長につながることが期待できます。そこで同グループでも社員のエンゲージメントの向上が常に意識されています。

　これまでに紹介した同グループの人を中心に置いた取り組みは，同グループ社員のエンゲージメントを高めるに値する施策の数々だと感じます。しかし，エンゲージメントは社員にとって良い点を認識させればスコアが上昇するほど甘いものではありません。むしろ，企業が厳しい状況に直面した際の対応によって，企業と社員の間に信頼感が形成され，それがエンゲージメントの状態に大きな影響を与えることは良くあることです。

　先に触れたように，KOBELCOグループにもかつて品質に関する問題が生じ

たことがあります。同グループでは，グループ企業理念の浸透および過去の品質不適切行為の風化防止（教訓の承継）を軸として，「Next100プロジェクト」という活動を推進しています。

　具体的な活動としては「経営幹部と社員との対話活動」，「"語り合う場"の開催」，「"KOBELCOの約束賞"の創設」，「研修施設内に"KOBELCO約束の場"の設立」などを行って，過去と現在・未来をつなぎ，社員エンゲージメントの向上に努めています。

⑧　人的資本指標

　これまで見てきたとおり，同グループでは経営戦略と連動した3つの人事戦略を設定し，その人事戦略を実現するための課題を整理したうえで各課題に対するきめ細かいアクションを講じています。

　そしてそれらアクションに実効があるかどうかを，人的資本の指標を観測することによって確認しています。

　「多様な人材の採用」という人事戦略に対しては，第1章で説明した「人材マネジメント施策の実施効果を測る」指標が採用されています。例えば「新卒採用女性比率」というのは，採用に関して様々なアクションを講じた結果，それらのアクションが功を奏して実際に女性の採用という目的が達成できたかをチェックする"結果確認系"の指標です。ちなみにKOBELCOグループではこの指標の目標を事務系と技術系に分けて同じ目標値を掲げています。事務系のほうは目標を大きく上回っているようですが，技術系の方は目標未達とのことです。その主な理由は，そもそも新卒をはじめとする採用市場に技術系の女性が少ないことにあります。私は，そうした状況がはじめからわかっていれば目標値も現実に合わせて変更すれば良いと思うのですが，それをせずに頑なに高い目標にチャレンジし続けるのもKOBELCOグループらしいとも思います。

　他方，人材育成に関する取り組みについては，総研修時間などの「人材マネジメント施策の実施状況や活動の質を測る」指標，いわゆる"施策の実施確認系"とDX人材育成人数などの"結果確認系"の両種類の指標が設定されています。

　KOBELCOグループでは，本書で紹介した人的資本経営の取り組みは，ボト

ムアップのアプローチを随所に取り入れたとのことです。この点について，人事労政部担当部長の田辺圭氏は次のようにお話ししてくれました。

　様々な人材マネジメント施策は社員から認知され，受け入れられて初めてその効果を発揮するものです。特に今の若い世代に対しては，これまで当社で主流だった，会社主導で施策を検討・決定して導入するやり方だけでは限界があると感じていました。例えばダイバーシティの取り組みにしても，会社側が考えて推進すると同時に，ダイバーシティネットワーク（DNW）という，有志メンバーが主体となって様々な課題に草の根的に取り組む活動を推進しており，多様化促進に向けて相乗効果が出ているように感じます。

　企業文化には「強い文化」，「弱い文化」とともに「不都合な文化」という考えがあります。これは，環境が急速に変化しているときに，それまでに形成されてきた文化が適切ではなくなっている場合に生じます。KOBELCOグループの場合はどうなのだろうと思い，尋ねてみました。この点について，神戸製鋼所から人事部門が独立し，現在はKOBELCOグループに対する人材サービスを提供しているコベルコビジネスパートナーズのビジネス研修部部長である金井一信氏がお話ししてくださいました。

　KOBELCOグループと聞くと，鉄鋼メーカーであり古い体質の企業グループと勘違いされる方が多くいます。しかし我々は戦前に国際的な商業ネットワークを構築し，革新的な貿易手法を展開していた鈴木商店のDNAを受け継いでいます。例えば我々がいま直面している産業構造の変化やカーボンニュートラルなどは非常に大きなチャレンジなのですが，我々には挑戦する文化があります。グループの歴史は長いのですが，まだまだポテンシャルは高いと思います。

4．サッポロホールディングス株式会社

| 会社の概要 |

　サッポロホールディングス株式会社（以後，文中ではサッポロホールディングスあるいはサッポログループといいます）は，ビールメーカーのサッポロビール，食品飲料メーカーのポッカサッポロフード＆ビバレッジ，外食事業を展開するサッポロライオン，商業施設，オフィス，集合住宅などの開発運営を手掛けるサッポロ不動産開発という主要事業会社を傘下に持つ純粋持株会社です。

　主要事業会社の1つであるサッポロビール株式会社は，北海道にて開拓使麦酒醸造所として1876年に設立され，日本のビール業界の黎明期から存在しており，日本のビール文化と産業の発展に大きな影響を与えてきました。その後，顧客が名付けた「黒ラベル」や，商品名が街の名前になった「ヱビス」など多くの人々に親しまれているブランドを市場に送り出してきました。

　ポッカサッポロフード＆ビバレッジ株式会社は，ソフトドリンクや食品事業を担っています。ポッカコーポレーションは，当初はコーヒー飲料を中心とした製品展開を行っていましたが，次第にレモンやアップルなどの果実飲料，健康志向の飲料へと事業を拡大しました。2011年にサッポロホールディングスの完全子会社となり，その後2013年にサッポロ飲料と統合し，現在のポッカサッポロフード＆ビバレッジ株式会社となりました。

　サッポロ不動産開発株式会社は，同グループの工場跡地を再開発したオフィスビル，商業施設，レストラン，集合住宅，美術館などで構成される「恵比寿ガーデンプレイス」や「サッポロファクトリー」の運営を通して，地域に根差した企業として独自性をもってブランドを育てています。

　株式会社サッポロライオンは，1899年に日本で最初のビヤホールとして開業した「銀座ライオン　銀座七丁目店」をルーツとし，その後大きく発展しました。このビヤホールは，洋風の雰囲気と共に，ビール文化を日本に広める役割を果たしました。以来，サッポロライオンは，ビールを中心にした飲食業を展

開し続け，現在では国内に多くの店舗を持つ大手チェーンとなっています。

　サッポログループは創業以来，事業を展開する国や地域とともに成長しており，事業年数は147年にも及びます。さらに国内だけでなく海外でも販売を伸ばしており，世界の約94か国で同グループの商品が販売されています。

　2023年12月末時点のサッポログループ社員数は連結で6,610人，正社員以外の契約スタッフも含めると11,947人を擁し，また，そのうちの26.8％が海外で働いています。

▏本事例から特に学べる点 ▏

▶経営戦略との連動だけでなく，自らが創業以来培ってき人的資本（創業以来の強み）を考慮して人事戦略を描き，かつ，その人事戦略によって「目指す姿」をイメージしています。

▶実現したい人事戦略に対して何が課題なのかを明確にすることによって，実効あるアクションが立案できるようにしています。

▶仕事の経験を通して個人を強くする場を，１つの事業会社のみならずグループ全体に拡げ，そこで強くなった個人をグループの資本として保有し，グループ全体の強化につなげようとしています。

▏解説 ▏

　サッポロホールディングスの人的資本キャンバス（**図表 4 - 24**）をもとに，同グループの人的資本経営ストーリーを順に見ていきましょう。

① 企業の存在意義

　サッポロホールディングスの存在意義は，同グループの「潤いを創造し豊かさに貢献する」という経営理念に表れています。

　同グループはその原点である開拓使麦酒醸造所を設立して以来，ビールという商品とビヤホールなどの場を通して人々に潤いと豊かさを与え，さらにはその理念のもとに事業を拡大し，清涼飲料水や街づくりを事業に加えてきました。

さらには先の経営理念を見つめ直し，企業グループとして社会に提供する価値は何かを改めて検討し，「全ての事業が提供する時間と空間で，人々と地域社会のWell-beingに貢献」という価値を再定義しました。

同グループは，単に製品やサービスを提供することを超え，顧客が過ごす「時間」と「空間」を通じて，人々と地域社会の幸福（Well-being）に寄与することを目指しています。

これは，サッポロホールディングスがグループ全体で一体となり，ビールや飲料を通じた楽しいひとときや，飲食店での満足な体験，そして不動産事業における快適な環境提供などを通じて実現されるものです。

② 企業文化

同社はグループの行動指針として次の3つを掲げています。

1. イノベーションと品質の追求による新たな価値の創造で，世界のお客様のより豊かな生活に貢献します
2. お客様同士のコミュニケーション活性化に役立つ商品・サービスの提供とブランド育成に努めます
3. 環境変化に対応し，効率的な経営の実践に努めます

私は，サッポロホールディングスが掲げた行動指針を第2章第3節で紹介したオライリーら（O'Reilly et al., 1991）が表した組織文化の7つの特性に照らしてみると，同グループが革新を恐れず挑戦し，結果ばかりではなくプロセスやチームワークを重視する企業文化を目指しているような印象を受けました。そこで，この点について同グループ人事部長の内山夕香氏に尋ねてみると，次のようなコメントをいただけました。

　"私が感じているサッポログループの企業文化を思い浮かべると，「誠実」，「真摯」，「和」という言葉が浮かんできます。当社の社員は誠実で仕事に真面目な人が多いと感じています。それから社員同士の関係性がとてもいい。でも，革新を恐れずに挑戦する姿に対してはまだまだできると感じています。何でも言

図表4-24 サッポロホールディングスの人的資本経営キャンバス

人的資本経営キャンバス

サッポロホールディングス

①企業の存在意義

【経営理念】
潤いを創造し豊かさに貢献する

【社会に提供する価値】
全ての事業が提供する時間と空間で、人々と地域社会のWell-beingに貢献

③企業を取り巻く環境

・縮小する国内需要
・持続可能な社会の実現
・税制改革
・健康寿命延伸ニーズの高まり
・デジタル化

・ECの伸長
・家庭内消費が増加
・心身の健康意識向上
・調達環境の変化(物流及び為替起因)
・オフィス需要の変化

⑤人事戦略

・中期経営方針達成のために目指す姿
"越境せよ"
(ちがいを活かして変化に挑む越境集団となる)

【人財戦略】
①多様性の促進
多様性を高め、活躍の場をより流動的にし、変化に挑んでいる

②スピードある成長に向けた積極投資
成長と生産性向上に向けた人的資本投資を行い、個と組織が強くなっている

③エンゲージメント向上と健康促進
健康、安全・安心、人権尊重を推進し、個の持てる力を100%発揮できている

⑥人材マネジメント上の課題あるいは方向性

・【戦略①達成に向けての課題】
多様性の促進
・経営陣、役職者の多様化促進
・女性中堅層の早期育成

社内外人財の流動的な活用
・事業ポートフォリオに即した人財アロケーション

・高度キャリア人財の採用

【戦略②達成に向けての課題】
スピードある成長に向けた積極投資
・グローバル中核人財育成

・シニア層の成果創出力
・DX・IT人財の確保
・リスキリング

経営人財育成
・経営人財後継者の充足

・HRテック活用

【戦略③達成に向けての課題】
エンゲージメント向上と健康促進
・魅力ある会社への変革(業績・報酬・制度)
・多様な価値観に対する柔軟な働き方
・メンタル不調の未然防止

(Human Capital Management Canvas)

事業内容：酒類，食品飲料，不動産
売上高：518,632百万円（連結）
事業利益：15,633百万円（連結），営業利益：11,820百万円（連結）（2023年12月）
従業員数：6,610人（2023年12月）

②企業文化（バリューなど，目指す姿でも良い）

・【創業以来の強み】

・北海道開拓使をルーツとし，人に，ものに，丁寧に向き合い育てていく会社
・自分たちのサービスが"人々の潤いと豊かさに貢献する"という誇りをもつ，エンゲージメントが高い社員
・それらが源泉となった150年輝き続けるサッポロブランド

④経営戦略

・＜中期経営計画基本方針＞
Beyond150 ～事業構造を転換し新たな成長へ

・事業ポートフォリオの整理
　「再編」「整理」と位置付けた事業は2024年までに抜本的に見直し

・海外事業，コア事業における成長実現
　北米酒類，海外飲料の展開を加速
　国内ビールへの集中，RTDブランドの育成
　不動産事業の収益構造多様化

⑦人材マネジメント施策（個人の強化・集団の強化）	⑧人的資本指標（目標）
・外部団体や異業種との交流機会の提供	・女性役員比率 ・女性管理職比率
・グループ全体のサクセッションプランに基づいた成長支援と配置	・事業会社間の人事異動人数 ・社内外副業経験保有者　サッポロビール
・若手グローバル人財育成プログラム「GPC（Global Resource Development Program for Coming Generation）」 ・継続雇用制度の改訂や「パートナー制度」の導入 ・DX・IT人財育成プログラム ・サッポロ技術アカデミー（サッポロビール）	・グローバル中核人財（海外業務経験者，グローバル人財強化策対象者等）人数 ・DX・IT基軸人財数 ・総研修費，総研修時間（サッポロビール）
・サクセッションプランの策定・運用	・グループ主要企業における経営人財サクセッションプラン実施率 ・人的資本情報の見える化
・支援型マネジメント力の強化 ・D&I推進のための環境整備 ・メンタルタフネス支援	・ワークエンゲージメントスコア ・D&I研修受講率 ・プレゼンティーイズム損失率 ・健康投資額

い合える安心安全な職場だと思うので，社員の皆さんにはもっともっと新しいことに挑戦していってもらいたいと思っています”

③ 企業を取り巻く環境
サッポロホールディングスを取り巻く主な環境は，次のとおりです。

・縮小する国内需要
・持続可能な社会の実現
・税制改革
・健康寿命延伸ニーズの高まり
・デジタル化
・ECの伸長
・家庭内消費が増加
・心身の健康意識向上
・調達環境の変化（物流および為替起因）
・オフィス需要の変化

ここでは，サッポロホールディングスを取り巻く主な環境を，「市場」，「技術」，「コスト」，「社会」という切り口で見てみましょう。

「市場」では，“若者のビール離れ”ということが言われて久しく，サッポロビールを傘下に抱える同グループとしては，ビールの国内需要の動向は経営戦略に最も大きなインパクトを与える外部環境といえます。一方で，世の中の健康意識が向上し，ノンアルコール飲料など新たな需要も生まれつつあります。また，ターゲット顧客の購買・消費動向も注目すべきポイントです。購買チャネルではネット経由での購買が拡大を続け，消費場所の変化にも注目する必要があります。

「技術」では，あらゆる面で社会のデジタル化をビジネスに有効に取り入れる必要があります。

「コスト」において，同グループの業績に最も大きな影響を与えるのは，同グループの商品価格に直接的に跳ね返る税制改革です。また，調達環境の変化

も原料の仕入れや商品の輸送戦略に影響を及ぼすため，重要な外部環境といえます。

「社会」の枠組みには様々なものが含まれますが，既に見たとおり同グループの提供する価値が「全ての事業が提供する時間と空間で，人々と地域社会のWell-beingに貢献」ということからすれば，持続可能な社会の実現は長期的に重要な社会的テーマといえるでしょう。また，酒類だけでなく食品・飲料事業も抱える同グループとしては，健康寿命延伸ニーズの高まり，心身の健康意識向上もグループの経営戦略に影響を及ぼします。

こうしてみると，「③企業を取り巻く環境」には，同グループが着目しておくべき要素がすべて網羅されているように感じます。

こうした外部環境と同グループの内部リソース，ビジネスの現況，将来の機会をあわせて経営戦略につなげるのです。

それではサッポロホールディングスの経営戦略をみてみましょう。

④　経営戦略

サッポロホールディングスの経営戦略は，2023年度から新たにスタートした4カ年の中期経営計画「Beyond 150〜事業構造を転換し新たな成長へ〜」が核となります。この中期経営計画の名称である「Beyond 150」の"150"というのは，この中期計画の最終年度となる2026年度に同グループが創業150周年を迎えること，"Beyond"というのは，その創業150周年はゴールではなくさらなる成長に向けた通過点と位置づけているところから来ています。

この「Beyond 150」は，「事業ポートフォリオの整理」と「海外事業，コア事業における成長実現」が2本柱から構成されています。

「事業ポートフォリオの整理」については，「再編」「整理」と位置付けた事業を2024年までに抜本的に見直すこと，「海外事業，コア事業における成長実現」については「北米酒類，海外飲料の展開の加速」，「国内ビールへの集中，RTD（筆者注：Ready To Drink＝栓を開けてすぐに飲める商品）ブランドの育成」，「不動産事業の収益構造多様化」が重点施策となっています。

これらのグループ戦略は，各事業の事業戦略に落とし込まれ，さらにそれらの戦略達成を支えるための人事戦略，財務戦略，DX戦略に展開されています。

それでは同グループの人事戦略を見ていきましょう。

⑤ 人事戦略

サッポロホールディングスでは、経営戦略を達成するために、"ちがいを活かして変化に挑む越境集団となる"という目指す姿を掲げました。

経営戦略に掲げた、"事業の再編"や"海外事業の成長"などを実現するためには、大きな変化に挑み、新しいことに挑戦しなければなりません。

もともと同グループのルーツは「北海道開拓使」であり、挑戦することは同グループのDNAにあるはずですが、一方で、そこでじっくりと丁寧に向き合って事業を育ててきたことは、次から次へと新しいことを始めていくようなスピード感はさほど求められてこなかったのかもしれません。また、同グループの企業文化から感じられる「和」の強さというのは、一般的にその組織に属する人々にとっては居心地の良さを感じる一方で、そうでない人々には入り込みづらい雰囲気につながることがあります。

そこで、既存事業の抜本的見直しと海外事業を成長させることを経営戦略の軸に掲げた同グループとしては、グループ全体での人材配置の最適化やグローバルで活躍できる人材を含む多様な社員を育て、インクルージョンすることによって人材の面から新たな成長を生み出す必要があるのです。

そこで同グループは以下の3つの人財戦略を掲げました（**図表4‑25**）。見

図表4‑25　人財戦略

出所：同社資料

てておわかりのとおり，それぞれの人財戦略を達成した際の姿がイメージされている点がとてもユニークです。

(1)　多様性の促進
　　　多様性を高め，活躍の場をより流動的にし，変化に挑んでいる
(2)　スピードある成長に向けた積極投資
　　　成長と生産性向上に向けた人的資本投資をおこない，個と組織が強くなっている
(3)　エンゲージメント向上と健康促進
　　　健康，安全・安心，人権尊重を推進し，個の持てる力を100％発揮できている

　さて，サッポロホールディングスがこれらの人財戦略を達成するには何が必要でしょうか。それが，次にあげる人材マネジメント上の課題なのです。

⑥　人材マネジメント上の課題あるいは方向性

　サッポロホールディングスは，前述した人財戦略ごとに，その達成に向けて行うべきことを整理しました。

　第1の戦略である「多様性の促進」を達成するために，現在多くの企業が取り組み出した女性中堅層の早期育成だけでなく，経営陣・役職者の多様化を促進する方向性を示しています。

　またこれに加え，社内外人財の流動的な活用が重要だとして，経営戦略に基づいて見直した事業ポートフォリオに即した社内人財アロケーションの実施ならびに外部からの高度キャリア人財の採用を行う方向性も打ち出しています。

　第2の戦略である「スピードある成長に向けた積極投資」のターゲットとしては，グローバル人財，シニア層，DX・IT人財，経営人財を掲げ，リスキリングなどによる人財育成への注力と，HRテックの活用による育成成果の"見える化"を行おうとしています。

　第3の戦略である「エンゲージメント向上と健康促進」を達成するために同グループが必要と考えていることは，魅力ある会社への変革と多様な価値観に

対する柔軟な働き方の導入です。また，メンタル不調の未然防止を人材マネジメント上の課題の１つであると認識しています。

　こうした方向性には，正解や不正解はありません。サッポロホールディングスの"選択"です。例えば「多様化の促進」に対しての打ち手もまた多様なのです。打ち手が多様だからこそ，同グループが行ったように，実現したい人事戦略に対して何が課題なのか，どのような姿になりたいのかを明確にしておくことが重要なのであり，そうでないと，流行を追った見せかけだけのアクションになってしまいがちなのです。

　さて，サッポロホールディングスは明確にした方向性に対して，どのような人材マネジメント上のアクションを講じようとしているのでしょうか。

⑦　人材マネジメント施策

　同グループの「女性中堅層の早期育成」という人材マネジメント上の課題に対応するためには様々なアプローチが考えられます。サッポロホールディングスでは「外部団体や異業種との交流機会の提供」を行っています。この中の取り組みの１つを紹介すると，様々な業種の企業13社が合同で運営する「異業種ビジネスリーダーシップ塾2023～しなやかに，一歩前に～」に参画しています。その第１回目プログラムは2023年７月10日に開催され，各社から約70名の女性中堅社員が参加し，基調講演やパネルディスカッションでビジネスリーダーから得た学びや気づきを深めるため，グループワークなどに取り組みました。会社が女性中堅層を早期に育成したいと思っても，最終的にそこに行きつくのは，「AMO（A：Ability＝能力，M：Motivation＝動機，O：Opportunity＝機会）」を揃えることが必要なのです。女性中堅層を目指す方々は，やる気もあれば不安もあるでしょう。他社の同じ状況の人々との交流で自分が置かれた立場を見つめ，共に頑張れる仲間を得ることは今後のキャリアに向けて，とても良い機会だと思います。

　「事業ポートフォリオに即した人財アロケーション」の実現のためには，「グループ全体のサクセッションプランに基づいた成長支援と配置」を行っています。**この取り組みは，仕事の経験を通して個人を強くする場を，１つの事業会社のみならずグループ全体に拡げることができるとともに，そこで強くなった**

個人をグループの資本として保有し，グループ全体の強化につなげることが期待できます。

　グローバル中核人財育成のためには，若手グローバル人財育成プログラム（GPC：Global Resource Development Program for Coming Generation）の導入・運営を行っています。これは，異文化対応力や英語でのコミュニケーション力を引き上げることを目的とした日本国内での研修と，2015年からはシンガポールとベトナムで実地研修を行うプログラムを展開しています。

　育成の対象は若手だけではありません。高齢化が進み，団塊世代の定年退職が増加するなかで，サッポロホールディングスとその傘下企業各社は，改正高年齢者雇用安定法への対応とともに，高年齢者の長年培ってきた知識と経験の活用および次世代への技術・技能の継承を目的として，継続雇用制度の改訂や「パートナー制度」を導入して，シニア層の成果創出力向上を図っています。

　社会の急激なデジタル化は，同グループの経営や仕事のやり方に大きな影響を与えています。それは同グループの商品の製造からマーケティング，流通，管理部門に至るまでのすべての部門に関係します。そこで同グループでは，DX・IT人財の育成のためにDX・IT人財育成プログラムを導入しました（図

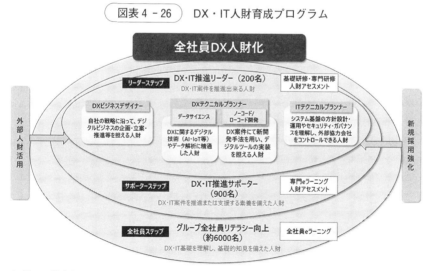

図表4-26　DX・IT人財育成プログラム

出所：同社資料

表4－26）。このプログラムは2022年に始動した人財育成プログラムで，研修ステップを「全社員ステップ」「サポーターステップ」「リーダーステップ」の3段階に分ける形で構成しており，「全社員ステップ」は，関連会社の社員なども含め，受講対象者は約6,000名に及びます。「リーダーステップ」は，DX・IT基幹人財の育成を目指すプログラムです。

　サッポロホールディングス傘下の各事業会社も，グループ全体の人事戦略に基づき，それぞれの事業成長のためにリスキリングをはじめとした人材投資を行っています。

　例えばサッポロビールでは，ビール事業にかかわるスタッフを中心に，20以上もの研修コースを提供しています。中でも特徴的な「醸造技術研修」では，各参加者が5リッターのビールを，原料配合からびん詰までの全工程にわたって，五感で体感できるように独自の設備で手づくりします。そして，各人がびん詰めしたびんに手づくりラベルを貼り，最終製品として「自ビール」を完成させることで，ビール造りのすべてを学ぶことができる研修となっています。

　また「キャリアサポート制度」という，社員が自分のキャリアを描くために個別に利用できる面談のしくみがあります。そこでの気づきを実現するために，人財公募や各種の公募型研修，社内副業などを用意し，個々の成長につながるようにしています。

　経営人財後継者の充足も，同グループの課題の1つとして挙げられていたものです。これを解決するために経営層のサクセッションプランの策定・運用に着手しました。これは，次世代のリーダーを担う人財の発掘と育成を目指した取り組みで，ストレッチアサインメントを軸とした経験の場を与えるなどして育成に努めています。育成の進捗確認と育成計画の見直しを図るために，半期に一度，経営会議で状況をレビューしています。サッポロホールディングスならびにサッポロビールの主なキャリア形成支援策を**図表4－27**に紹介します。

　魅力ある会社への変革のために「支援型マネジメント」力の強化にも取り組んでいます。

　この取り組みは，評価制度の変更と共に進められました。**同グループは「処遇決定」と「育成」を明確に分けることで，各現場の管理職のマネジメントを管理型から支援型にシフトさせることを狙いました。**具体的には，目標設定の

図表 4 - 27　主なキャリア形成支援策

全社員共通研修

マインド・スキル習得実現のための施策
- 新任部支店長研修
- 新任管理職研修
- 各種役割変更研修
- チューター研修
- 若手育成研修
- 新入社員研修
- 育成評価者研修
- 公募型研修・公開講座研修
- 通信教育・自己啓発支援
- 複評価者セミナー（自己啓発型セミナー）

視野の拡大と自立的な働き方の実現のための施策
- 年代別キャリア研修・キャリア自律支援・キャリアサポート制度
- 人財公募制度・サッポロベンチャー制度・フロンティア休職制度
- 語学学習支援
- ダイバーシティ&インクルージョン推進開発
- 選抜型経営人財育成
- 選抜型リーダーシップ開発
- 選抜型環境人財育成
- 選抜型若手グローバル人財育成
- セカンドキャリア支援制度
- 社内副業制度・社内インターン制度

部門別研修

営業部門
- 業務用営業担当者のラーニング
- 選抜型営業提案力強化研修
- 営業基礎研修

製造部門
- 経営法務アドバイザー
- 醸造技術研修
- 醸造技術・メカトロニクス・プロセス・包装資材研修
- MTP
- TWI
- 経理研修

スタッフ部門
- 知的財産研修
- 醸造技術研修
- 各部門で部門研修を適宜実施

役割：（役員）／管理職／（中堅）／一般社員／（若手）

出所：同社資料

考えを改めストレッチゴール（背伸びをすれば届くような目標）の設定を促し，年間考課ランクづけを廃止しました。こうすることによって，社員がより高い目標を掲げマネージャーがそれを支援するという形にしたかったのと，マネージャーにはなぜその評価が妥当なのかといった話ではなくて，どう支援すればより社員が成長するのかについての話をしてもらいたかったのです。

　人というのは，他人から言われて何かをやらされる時よりも，自分で考え実行する時のほうが，モチベーションが高まるものです。同グループはそういった効果を期待したのではないかと思います。

　これまで見てきたようにグループ内の人材交流が拡大し，若手とシニアの活躍の場がより拡がれば，多様な価値観を束ねる必要性がこれまで以上に増すことになります。この「束ねる」ということが，すなわちインクルージョンなのです。これによって多様な個の力が集団の力に転換します。そこで同グループは，D&I推進のための環境整備に取り組んでいます。たとえば傘下の事業会社の1つであるポッカサッポロフード＆ビバレッジでは，テレワーク制度，スーパーフレックスタイム制度，計画有休取得制度，継続雇用制度，NA転換（育児や介護などの事由がある場合に，希望する拠点で働くことができる制度），

図表4-28　健康経営中期計画

健康投資	健康投資効果			健康経営で解決したい経営課題
	指標① 施策取組	指標② 意識・行動変容	指標③ 健康最終目標	

いのちを守る

健康投資	指標① 施策取組	指標② 意識・行動変容	指標③ 健康最終目標	健康経営で解決したい経営課題
定期健康診断受診徹底	緊急治療対象者医療機関受診継続フォローアップ100%	健康意識向上	プレゼンティーイズム改善	多様な人財の活躍
重症化予防	特定保健指導実施率55%以上	運動習慣定着		
生活習慣病検診時間・費用支援	生活習慣病検診40歳以上100%受診			

健康を増進する

禁煙プログラム・補助	喫煙者へのアプローチ100%	健康数値改善	アブセンティーイズム改善	生産性向上と収益力強化
エリア保健師整備	キャンペーン参加者90%以上			

違いをつよさにする

参加型良い習慣化チャレンジ	治療と仕事の両立支援	喫煙率低下	エンゲージメント向上	持続的成長
ヘルスリテラシー向上施策	ストレスチェック・従業員意識調査生活習慣アンケート回答率90%以上	働きやすさと働き甲斐の向上		
統合アンケート分析	グループ商品連動企画年1回以上			

出所：同社資料

計画的ジョブローテーションなどを行っています。

　社員がその能力を発揮し活き活きと働くには，心身ともに健康であることが前提条件となります。そこで同グループは健康経営に取り組んでいます（**図表4-28**）。

　その1つがメンタルタフネス支援です。サッポロホールディングスでは精神の健康と安定のために，ストレスチェックを毎年実施し，産業医，臨床心理士，保健師など専門家による面談を行っています。また，健康に不安がある従業員の相談窓口として社内の保健師相談窓口を設置している他，従業員，その家族を対象とした24時間対応可能な第三者機関の相談窓口，ならびにサッポロビール健康保険組合のサイトから相談できる第三者機関の窓口を設置し，電話，Webで各種相談を受け付けています。

　このように，同グループのほとんどの人材マネジメント上の課題には対応する人材マネジメント施策が紐づいており，それら施策は個人の強化と個と個を

結びつけて集団を強化する施策から構成されていることがわかります。

⑧ 人的資本指標

　サッポロホールディングスが選択した人材マネジメント施策が狙いどおりの効果につながっているのかを確認するためには，各々の施策に対応した人的資本指標を選択することが必要になります

　それでは，サッポロホールディングスの人的資本指標についてみていきましょう。

　まず，同グループが女性社員に対して外部団体や異業種との交流機会を提供する目的は，経営陣や役職者の多様化促進，当面のターゲットとしては女性の活躍促進でしょうから，これに対応する指標として女性役員比率や女性管理職比率を選定したのは自然な流れといえるでしょう。

　グループ全体のサクセッションプランを策定すると，それに基づいた人の異動が生じます。そこで同グループでは，事業会社間の人事異動人数を見ながら，同グループが立案したサクセッションプランが絵に画いた餅になっていないかを確認しています。また，同グループが定義する社内外副業というのは，勤務時間の一部を使ってグループ内企業にて本業とは異なる仕事に就くことを意味しているので，それにチャレンジした人数の確認を通して制度の浸透を確認しています。

　同グループの若手グローバル人財育成プログラム（GPC：Global Resource Development Program for Coming Generation）の成果は，同グループの海外事業強化のためにグローバルで活躍できる人材をどれだけ育成できたかどうかで決まります。そこでこれに対応する指標として，海外業務経験者やグローバル人財強化策対象者を「グローバル中核人財」と位置づけ，この人数を増やすことを目標として掲げています。これと同じ発想で取り組んでいるのが，DX/IT人財育成プログラムです。このプログラムの成果を測る指標として，「DX・IT基軸人財数」を設定しています。より広い意味でリスキリングを促進し，事業構造の転換を目指す同グループは，総研修費と総研修時間も人的資本指標に加えています。

　さきほど同グループのサクセッションプランについて少し触れましたが，サ

クセッションプランというのは，いわば企業のリスク回避策であり，現在の重要人財が異動や転職でいなくなった場合でも経営が支障なく行われるような体制にしておくことなのです。ですから重要なのは，例えばサッポロホールディングスの場合，現在の経営人財の後継者が社内にいるのかいないのか，いる場合はあとどのくらいの年数をかければいつでも経営者のレベルになるのか，という点です。したがって，まずは経営人財のサクセッションプランを完全に実施する，というのが出発点であり，ゆえに同グループはこれを人的資本指標として設定したのでしょう。

エンゲージメントには，大別して組織エンゲージメントと職務エンゲージメントがあります。サッポロホールディングスが人的資本として選択している「ワークエンゲージメント」は同グループの戦略課題に「魅力ある会社への変革」が掲げられていることから考えると，「組織エンゲージメント」を意識したものであることが想像できます。同グループではこのスコアを見ながら，ここでもPDCAを回して，より良い会社になるよう努力している姿勢が見受けられます。

エンゲージメント向上とともに，同グループは社員の健康促進も人事戦略に組み込みました。そのために，多様な社員がその状況に応じて働くことができる多様な職場環境を整え，健康維持にも投資をしています。そうした施策が効果的に社員に浸透しているかを把握するための指標として，D&I研修受講率やプレゼンティーイズム損失率（出勤はしているが花粉症，二日酔い，寝不足，頭痛，発熱など不調な社員の総勤務時間数を全体の時間数で割った数値）を指標として設定しています。

このように，サッポロホールディングスが選択した人的資本指標は，同グループの人材マネジメント施策と紐づいていることがわかります。

最後に，再び同グループ人事部長の内山夕香氏に，人的資本経営が同グループの経営戦略達成に対してどのように寄与しているのかについてお聞きしました。

　　"これまでもサッポロホールディングスでは，例えば4年ごとの中期経営計画を見直す際に，経営戦略の内容を意識して人事戦略を見直していました。したがっ

て，経営戦略を意識した人事戦略がこれまで全くなかったかというとそんなことはありません。ただし，どちらかといえば経営戦略が立案されるのが先で，それを受けてから人事戦略を考えるといった流れでした。ところが現在は，経営戦略を立案する最初の過程から役員も人事戦略を意識するようになっています。つまり，人的資本経営という概念を意識するようになって以来，人事部門そのものや人事戦略が経営戦略の達成に対して関与する強さや頻度はかなり強くなったと感じています"

5. BIPROGY株式会社

| 会社の概要 |

　BIPROGY株式会社は，日本の情報技術（IT）サービス企業です。その起源は1958年に設立された日本レミントン・ユニバック株式会社まで遡ります。その後，日本ユニバック株式会社，日本ユニシス株式会社へと社名を変更し，2022年4月に現在の社名であるBIPROGY株式会社（以後，文中ではBIPROGYといいます）に変更し，新たな企業ブランドとしての歩みをスタートさせました。

　BIPROGYはこれまで，いわゆるシステムインテグレーターとして情報システムの開発，運用，および保守サービスを中心に，幅広い業界に対してITソリューションを提供してきました。特に，金融，製造，公共，交通などの領域で，業界内での強いポジションを確立しています。例えば，1955年に東京証券取引所に日本初の商用コンピュータを設置したのが同社です。また2007年に導入した世界初のWindowsベースで動作する勘定系システム「BankVision」は，その高い柔軟性と拡張性により，銀行の勘定系システムに革新をもたらしました。

　長年の活動を通して強固となったユニシスブランドとそのビジネスモデルに対する世間の認知は同社の強みではありましたが，その強みが逆に同社のビジネスモデルや社員の発想を変革するうえでの妨げになるのではないかという危機感から，同社の経営陣は，あえてこれまでの「日本ユニシス」を感じさせない「BIPROGY」という新社名への変更を決断しました。

　新社名を検討するにあたり，既存のイメージに縛られることなく，「世界で唯一無二の企業」に成長したいという想いから，アルファベットを使った造語を前提にしました。「BIPROGY」は，光が屈折・反射した時に見える7色（Blue, Indigo, Purple, Red, Orange, Green, Yellow）の頭文字を組み合わせた造語です。光が組み合わせで見え方が異なるように，同社も多様なパートナーとの組み合わせで様々な社会課題の解決アプローチを生み出していくという事業の方向性が新社名に込められています。

| 本事例のみどころ |

▶ビジネスモデルの変革とそれを加速する企業風土変革という明確な目的を達成するために，パーパス（企業の存在意義），ビジョン（目指す姿），経営方針，人事戦略のすべてを見直し，それらを連動させています。

▶経営ビジョンと連動した「人財ビジョン」を設定し，10年先を見据えたロードマップに基づいて，人的資本の可視化と強化を進めています。

▶「人的資本マネジメント部」を新設し，人的資本経営をドライブしています。

▶タレントマネジメントシステムによって人的資本を"見える化"し，各種の人材マネジメント施策に活用しています。

▶質，量ともに圧倒的な人材マネジメント施策が導入されています。

| 解説 |

　BIPROGYの人的資本キャンバス（**図表4‐29**）をもとに，同社の人的資本経営ストーリーを順に見ていきましょう。

図表4−29　BIPROGY株式会社の人的資本経営キャンバス

人的資本経営キャンバス

BIPROGY株式会社

①企業の存在意義

【企業理念】
・すべての人たちとともに、人と環境にやさしい社会づくりに貢献します
・社会の期待と要請に対する感性を磨き、そのためにICTが貢献できることを考え抜く集団になります
・高品質・高技術の追求、個人の尊重とチームワークの重視、社会・お客様・株主・社員にとり魅力ある会社

【パーパス（Purpose）】
先見性と洞察力でテクノロジーの持つ可能性を引き出し、持続可能な社会を創出します
＜先見性・洞察力　×　テクノロジー　×　ビジネスエコシステム　＝　社会的価値創出＞

【プリンシプル（Principles）】

【原理・原則】	【主義・信条】
・人権の尊重と社会的包摂	・善良な社会の一員としての真摯、且つ熱意ある取り組み
・多様性の受容と獲得	・次世代へウェルビーイングをつなげる取り組み
・自己研鑽と主体性の発揮	・ビジネスエコシステム形成による価値の創出
・透明性高い企業活動と健全な企業体質	・高品質・高技術・卓越性の追求
・誠実な履行	・社会的価値の創出と持続的成長の実現

③企業を取り巻く環境

・デジタル化の加速	：社会全体のDX推進	・持続可能な成長	：社会貢献とビジネスの融合
・環境問題の深刻化	：持続可能性への対応が必須	・レジリエンスの必要性	：災害復旧能力の強化
・グローバル経済	：世界的なビジネスチャンス	・リジェネラティブ経済	：再生可能な資源利用
・気候変動対策	：ゼロエミッションへの挑戦	・消費者意識の変化	：エコ意識の高まり
・技術革新	：AI, IoTの活用促進		

⑤人事戦略 / ⑥人材マネジメント上の課題あるいは方向性

⑤人事戦略	⑥人材マネジメント上の課題あるいは方向性
・人的資本の可視化と戦略的リソースマネジメントの推進	・業務遂行上の役割の明確化
	・社員一人ひとりのアセスメント（人的資本の可視化）
・重点分野をリードする人財の獲得と育成	・優秀な人財の採用
	・経営リーダーの育成
	・キャリア自律
	・重点分野の専門人財の獲得と育成
	・社会経験の奨励
	・組織力強化
・人財の価値創出を最大化する仕組み・環境づくり	・働き方改革
	・DE＆I施策
	・人事制度改定
	・健康経営

※⑤〜⑧は、経営方針（2021 - 2023）における内容です

(Human Capital Management Canvas)

事業内容：クラウドやアウトソーシングなどのサービスビジネス，コンピュータシステムやネットワークシステムの販売・賃貸，ソフトウェアの開発・販売および各種システムサービス
売上高：3,398億98百万円（2023年3月期 連結）
従業員数：8,124名（2023年3月31日現在 連結）

②企業文化（バリューなど，目指す姿でも良い）

【これまでの強み】
「逃げない」「やりきる」「あきらめない」

上記に加えて，

【これからの強み】
Foresight in sight

「変革への挑戦」「チャレンジ」

④経営戦略

【Vision2030】
わたしたちは，デジタルコモンズを誰もが幸せに暮らせる社会づくりを推進するしくみに育てていきます。
【3つの社会インパクト】
「レジリエンス」「リジェネラティブ」「ゼロエミッション」
【経営方針（2021－2023）】
「For Customer」顧客の持続的成長に貢献する顧客DXの推進
「For Society」さまざまな業種・業界の顧客，パートナーと共に社会課題の解決を進める社会DXの推進
「風土改革」

⑦人材マネジメント施策（個人の強化・集団の強化）	⑧人的資本指標（目標）
・「ROLES」の導入 ・タレントマネジメントシステムの構築，運用	・従業員数（男女別）／従業員1人当たり営業利益 ・人的資本投資額
・新卒採用に即戦力として採用コースを設置 ・サクセッションプラン，経営リーダープログラム ・自己申告制度，社内公募制度，T3活動など ・専門人材の採用，セミナー，リスキリングの促進 ・副業，ベンクラブ制度，エキスパート認定制度 ・1：1，階層別組織長研修	・採用人数（新卒中途男女） ・ビジネスプロデュース人財数 ・1：1（ユアタイム）実施率など ・組織ごとのエンゲージメントスコア
・「働く時間」と「働く場所」の自由度，柔軟性を高める施策の導入	・エンゲージメントサーベイの「働き方関連スコア」 ・平均月間残業時間数／有給休暇取得率 ・育児休業復職率 ・男性の育児休業取得率 ・介護休暇取得者数
・女性・障害者・LGBTQ・外国籍人財に対する取り組み，心理的安全性などDE&Iの風土の醸成	・女性役員／管理職比率 ・障害者雇用率
・適正な評価，賃金管理，福利厚生，ハラスメント防止，良好な労使関係の維持	・離職率
・健康経営関連施策の導入 ・オフィス環境の整備	・メンタル休職者の総休職日数 ・健康診断リスク者対応率，その他健康管理に関する指標 ・社会貢献活動への役職員参加人数

① 企業の存在意義

BIPROGYには3つの経営（企業）理念があります（**図表4‒30**）。

図表4‒30　BIPROGYの企業理念

わたしたちが社会に果たすべきこと	すべての人たちとともに，人と環境にやさしい社会づくりに貢献します
わたしたちが目指すこと	社会の期待と要請に対する感性を磨き，そのためにICTが貢献できることを考え抜く集団になります
わたしたちが大切にすること	1．高品質・高技術の追求社会に役立つ最新の知識を有するとともに，技量を高めます 2．個人の尊重とチームワークの重視相手の良い点を見いだし，それを伸ばすことを奨励し合い，互いの強みを活かします 3．社会・お客様・株主・社員にとり魅力ある会社ステークホルダーの声に真摯に耳を傾け，企業価値向上に努めます

出所：同社資料

　そしてこれらの企業理念にもとづき，企業の存在意義としてのPurposeを「先見性と洞察力でテクノロジーの持つ可能性を引き出し，持続可能な社会を創出します」と定めました。このPurposeには，環境・社会の課題に真摯に取り組み，社会の持続的な発展に貢献することを通じ，サステナブルな企業を目指す同社の決意が示されています。BIPROGYの事例を読み進めていただくと，随所に「持続可能な社会」，「サステナブル」，「社会課題の解決」といった言葉が出てくるのに気がつくはずです。それは同社グループの価値観の中心にある言葉だからです。

② 企業文化

　BIPROGYの企業文化について，同社の人的資本マネジメント部人財戦略室の宮森未来氏に質問したところ，次のような答えが返ってきました。

　　"当社の社員が自社の文化を表現する時によく出てくる言葉は「逃げない」，「やりきる」，「あきらめない」です。当社は歴史的に，例えば金融システムのよう

な決して止まってはならないミッションクリティカルなシステムの構築に強み
があるため，企業文化はQCD（品質・コスト・デリバリー）を確実に守る「レ
ビュー文化」になりがちです。また，"顧客の要望は何でも形にする"という創
業時から継承されている企業姿勢というか，自負のようなものも影響している
かもしれません。"

"ただし，そのような企業文化は当社の強みであると同時に当社が越えなければ
ならない壁でもあったのです。当社が本格的にビジネスモデルと企業風土改革
に取り組み始めたのは2015年からです。その年に新たなコーポレートステート
メントとして「Foresight in sight」を策定しました。"Foresight" は「先見性」
を意味する英語です。"in sight" には「見える・捉えることができる」という意
味と "Insight" の「洞察力」という 2 つの意味を持たせ，「先見性でいち早くキャッ
チしたお客様や社会の課題を，経験や常識にとらわれない洞察力で深く理解し，
知恵や発想，ICTを組み合わせて，お客様に最もふさわしい形のソリューション
やサービス，そして業界を越えたビジネスエコシステムをつくり出そう」とい
うメッセージとして発信しました。ある意味，これまでの当社 "らしくない" コー
ポレートステートメントを敢えて掲げ，「お客様の要望に基づき，QCDを守り愚
直にやりきるDNA」は大切にしつつも，社会課題の解決に向けて，お客様や新
たなパートナーとともに，時代の変化に呼応できる価値創造を目指し，未来を
先回りした研究，ビジネス創造に取り組んでいこうという決意を表明いたしま
した。当時の社長であった平岡も企業文化（企業風土）を変革しチャレンジす
る文化に移行するために「失敗の数は成功のKPI」というメッセージをグループ
全体に繰り返し発信してきました。"

③　企業を取り巻く環境

　BIPROGYを取り巻く環境は，デジタル化の加速，環境問題の深刻化，グロー
バル経済の動向，気候変動対策の必要性，技術革新の進展，そして消費者意識
の変化など多岐にわたります。

　社会全体でのデジタル化の加速（DX）は，企業運営から日常生活までを根
底から変えつつあります。

　環境問題の深刻化は，企業に持続可能性への対応を強いており，多くの企業
が環境負荷の低減に努めています。これは，気候変動対策の一環としても重要
です。新型コロナウイルスが引き起こしたパンデミックは，リモートワークや

オンラインサービスなど新しい働き方の普及を加速させました。この変化は，BIPROGYにとって新しいビジネス機会を生み出すと同時に，危機に強い社会システムの構築を促しています。

　消費者意識の変化，特にエコ意識の高まりもBIPROGYのビジネス戦略に影響を与えます。企業としての社会的責任を果たすことは，顧客からの信頼を得る上で不可欠だからです。これらの要素は相互に関連し合いながら，BIPROGYの経営戦略につながっています。

④　経営戦略

　BIPROGYは，グループが目指すべき10年先の方向性を定め，それに向けたフェーズごとに中期経営方針を立案するアプローチをとっています。その10年先の方向性は「Vision2030」として次のようにまとめられています。

　　　わたしたちは，デジタルコモンズを誰もが幸せに暮らせる社会づくりを推進するしくみに育てていきます。

　ここで「デジタルコモンズ」というのは，社会に既に存在する私有財（企業・団体・個人のもつ財）や余剰財（稼働率の低い財）を，デジタルの力で"共有財"として広く利活用可能とすることによって，社会課題解決における社会的価値と経済的価値の両立を可能とする取り組みです。

　では，BIPROGYがデジタルコモンズによって実現したいと考える持続可能な社会とはどのような社会なのでしょうか。同社はこれを，①レジリエンス，②リジェネラティブ，そして③ゼロエミッション，という３つの観点で説明しています。

　レジリエンスというのは，社会や経済システムが災害などの変化から迅速に回復できる能力のことです。例えば，地震や洪水などの自然災害から早期に復旧できる都市インフラの構築や，耐震技術を用いた建物，災害時にも機能する電力供給システムの整備などがあげられます。同社はこれを「自律分散した生存力・復元力のある環境」と呼んでいます。

　リジェネラティブというのは，再構築という意味です。社会課題で言えば，

小売業やサービス業における人手不足，廃棄ロス問題，海洋プラスチックごみ問題などへの対応が相当します。同社では，発注のコントロールをAIでサポートする自動発注システムのほか，商品の値札を電子棚札に切り替えることで，これまでは人力で行っていた値引きの際の修正作業を大幅に効率化し，需要と供給を考慮して，商品やサービスの価格を変動させる手法（ダイナミックプライシング）にも対応できる仕組みを導入しています。同社はこれを「再生型ネットポジティブ社会」と呼んでいます。

ゼロエミッションというのは，温室効果ガスをはじめとする環境への悪影響を与える排出物をゼロにすることを目指す活動です。

このようにBIPROGYは，ビジネスのパートナーとともにデジタルコモンズを推進することを，会社のビジョンで宣言したのです。

このビジョンを実現するための２つの基本方針は「顧客DX（For Customer）」と「社会DX（For Society）」です。「顧客DX」は，企業や業界のDXを顧客と共にやり遂げて「社会DX」につなげること，「社会DX」はより良い社会の実現に向けた社会課題の解決を意味します。この２つのDXにより社会全体を捉えた大きな枠組みで顧客やパートナーが連鎖し，一種のビジネスコミュニティが生まれ，そこに参加する組織が互いに無くてはならない存在となり共存共栄する「ビジネスエコシステム」を拡大する，これがBIPROGYのビジネス戦略です。同時にこのビジネス戦略を加速させるための組織戦略が風土改革への取り組みなのです。

⑤　人事戦略

BIPROGYは先に紹介した「Vision2030」とともに「人財Visionを定めました。

人財Vision

一人ひとりが自分らしく輝き，組織に結集した多彩な力がさらに強い光となって，Vision2030で目指すワクワクする未来をつくる

これを実現するため，同社では，人的資本経営の強化を人事戦略の中心に置き，経営方針（2021–2023）における人財戦略では，次の３つの施策を主要施策として定めました。

図表4-31　事業戦略などと人財戦略の連動性（イメージ）

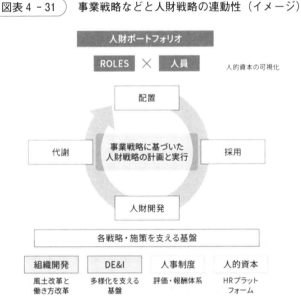

出所：同社資料

(1) 人的資本の可視化と戦略的リソースマネジメントの推進
(2) 重点分野をリードする人財の獲得と育成に注力
(3) 人財の価値創出を最大化する仕組み・環境づくり

　BIPROGYでは，のちに詳しく説明する「ROLES」という概念を中心として上記の主要施策(1)と(2)を推進し，それを支える基盤として組織開発，DE&I，人事制度，人的資本の観点から上記(3)を推進しています（**図表4-31**）。
　さらに同社は，2023年4月，戦略的リソースマネジメントとグループ全体の人財戦略を立案・推進する組織として，「人的資本マネジメント部」を新設し，人的資本経営をよりいっそう推進していくこととしています。

⑥　人材マネジメント上の課題あるいは方向性

　第1の人事戦略である「人的資本の可視化と戦略的リソースマネジメントの推進」を行うためには，まず，グループ内にどのような役割があるのか，具体

的にそれはどのような仕事から構成されているのか，それを遂行するために必要なスキルは何かを把握・整理することが必要です。それが準備できて初めて，グループ内の社員一人ひとりがどのような役割を担っており，それぞれの役割に対してどの程度のスキルを持っているのかを可視化することが可能になります。

　こうした基礎情報は，社員のキャリア自律や重点分野の専門人財の育成および組織力強化に活用でき，優秀な人財の採用，経営リーダーの育成，社会経験の奨励とあわせて第2の人事戦略である「重点分野をリードする人財の獲得と育成」を推進することができます。

　BIPROGYは，こうした一連の人的資本の可視化とともに，第3の人事戦略である「人財価値創出を最大化する仕組み・環境づくり」の実現に向けて，働き方改革やDE&I推進，健康経営推進などを人材マネジメント上の方向性として定めました

　では同社がこうした課題に対応するためにどのような施策を講じてきたのかを順番に見てみましょう。

⑦　人材マネジメント施策

　第1の人事戦略である「人的資本の可視化と戦略的リソースマネジメントの推進」実現のために同社が最初に取り組んだのは，グループ内のすべての業務プロセスにおける役割とその役割を遂行するために必要なスキルの可視化です。

　その中心にあるのが先にも触れた「ROLES」という概念です。

　「ROLES」とは同社における「業務遂行上における役割」のことで，業務内容および業務遂行上必要となるスキルを定義したものです。さらにはそのスキルを高めるための研修や関連資格も示されています（**図表4-32**）。すなわち，経営戦略・事業戦略を達成するために必要な人的資本の種類・質・量を可視化するしくみです。

　これにより，会社は経営戦略・事業戦略と連動した人的資本の保有状況を確認し人財戦略につなげたり，現場のマネージャーは自分がリードする組織の戦略に合わせた人材の獲得や育成を行うことができ，さらに社員は自身の担う役割や，将来担いたい役割をもとに，必要なスキルや関連資格，スキル習得のた

図表4-32　ROLES（例）

出所：同社資料

めの研修情報をイントラネットで検索して，自律的に学び，強い「個」となっていくことができます。

　社員の一人ひとりは「ROLES」によって整理された複数の役割を担っています。一人ひとりが担う役割それぞれに対する熟達度（その役割をどの程度担えるかを示す指標）を上司と共に4段階で評価することによって，個人や組織の熟達度が可視化され，個人の能力・キャリア開発計画の立案，組織能力強化計画の立案，個人や組織の成長度の把握など様々な人材マネジメント施策につなげていくことを可能としています（**図表4-33**）。

　またこれは，本書で紹介した「人的資本経営モデル」の「個と個をつなげる」取り組みの実践例の1つといえるでしょう。

　このように社員一人ひとりが担う役割とその熟達度を可視化すると，社員一人ひとりが担当する役割の幅は多様であり，その熟達度も多様であることがわかります。BIPROGYではこれを「個の多様性（イントラパーソナル・ダイバーシティ）と呼んでいます。

　「ROLES」を整備した次に同社が取り組んだのが，人的資本可視化のための

第4章 人的資本経営キャンバスの作成事例　137

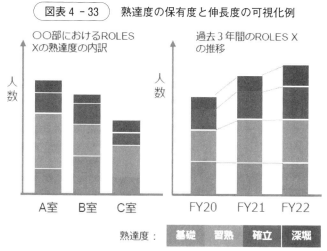

図表4-33　熟達度の保有度と伸長度の可視化例

出所：同社資料

HRプラットフォームの整備です。

BIPROGYの「HRプラットフォーム構想」とは，ROLESのデータを中心に，グループ社員が保有するスキルデータ，資格データ，キャリアデータ，研修受講データなどをタレントマネジメントシステムで一元管理し，人財の育成や適正配置といった人事戦略全般を推進しようというものです。

「ROLES」とこのタレントマネジメントシステムを用いて人的資本を可視化することにより，Vision2030実現に向けた新たなケイパビリティの獲得や，社員に対する仕事のアサインメント，ローテーションの促進，育成強化対象者の選出など，効果的な人財マネジメントにつなげることが可能となります。このシステムは経営層や人事部だけでなく，柔軟な閲覧権限設定によって社員が情報を共有できるオープンなシステムになっています。

先に紹介した社員のスキルの熟達度もシステムに登録されており，社員は自分のスキルの経年変化や全社平均との比較ができます。また，例えばプロジェクトマネージャーが新たなプロジェクトをスタートさせる際に特定のスキルや熟達度をもった社員を検索することが可能となっています。

次に，第2の人事戦略である「重点分野をリードする人財の獲得と育成」を実現するための主な施策を見てみましょう。

人財の獲得においてユニークな点は，新卒採用においても「新しい事業分野を切り拓くための精神と資質を持つ人財」と「実践的なプログラミング経験や研究開発経験がありAIやIoTなど高度な情報技術を持つ人財」については，一般の新卒入社者とは異なる処遇で採用している点です。

次は育成についてです。BIPROGYは，「キャリア自律」，「事業戦略との連動」，「学習する組織風土」という3つの人財開発方針を立てています。

BIPROGYでは，ワークキャリアだけでなくライフキャリアも含めた一人ひとりの「キャリア・ウェルビーイング」向上を目指した施策が展開されています。その根底にある考えが「キャリア自律」であり，「自己申告制度」や「eキャリアボード」（新規分野，戦略的・重点的業務などへの人財ニーズに対する社内公募），リスキリングなどのキャリア関連施策の他，副業，ペンクラブ活動（対外的な執筆，講演，委員，出版など，積極的な社外へのプロフェッショナル貢献活動を推奨するもの），社会貢献活動休暇を用意し，社員が自らの意思によってモチベーション高く働ける仕組みを整備しています。

事業戦略と人材開発との連動の観点から同社が育成に力を入れているのが，「ビジネスプロデュース人財」です。

BIPROGYが目指す「社会課題解決企業」になるには，社会課題を顧客とともに解決できる人材が不可欠です。同社ではこのような人材を「ビジネスプロデュース人財」と呼んでいます。こうした専門人財が増えれば増えるほど，同社のビジネスの拡大が期待できるようになります。とはいえ，ビジネスプロデュース人財として認定されるのは簡単ではありません。ビジネスプロデュース人財に求められる複数の役割が「ROLES」をもとに定義されており，そのそれぞれの熟達度を上司との面談により決定し，そのデータに基づいて社内委員会が審査・認定してはじめてビジネスプロデュース人財と認定しているのです。

学習する組織風土醸成に向けては，様々な自主参加型のプログラムやイベント，社員同士のラーニングコミュニティ創出を支援しており，例えば論文・プログラミング・プレゼンのコンテストやアイデアソン・ハッカソン，「T3活動」などがあります。この「T3（Time to think）活動」というのは，技術部門における働き方改革の一環として導入したもので，部門の社員全員が毎週連続し

た時間を確保し，新ビジネスのアイデア創出やリサーチなど，担当している業務以外のことに自ら取り組む活動です。

最後に，第3の人事戦略である「人財の価値創出を極大化する仕組み・環境づくり」に関する施策を見てみましょう。

BIPROGYでは，組織力向上，組織風土変革を実現するために3つのアプローチをとっています。

1つめは，各種会議体や社内イントラ，各種の対話機会を通した経営層による継続的なメッセージの発信（トップコミットメント）です。

2つめは，ユアタイム推進（組織長とメンバー間の1on1施策），組織長や経営リーダーの育成などによる意識改革です。

そして3つめは，働く時間や場所の自由度を高めることを中心とした社内制度の改編と柔軟な環境整備です。

DE&Iの推進にあたっては，トップのコミットメントのもと，女性・障害を持つ社員・LGBTQ・外国籍人財といった様々な属性の社員に対する取り組みと，心理的安全性やインクルージョン，エクイティといったDE&Iの風土を醸成するための全体的な取り組みを両輪で進め，「理解浸透・意識/行動変容促進」と「制度・しくみの整備」を柱とした各種施策に取り組んでいます。取り組みは多岐にわたり，その一つひとつを説明するには紙面がとても足りないので，本書ではその取り組みを一覧にして示すに留めます。（図表4－34）。

人事制度の運用の中心は，社員を適正に評価し処遇することを趣旨とした人事考課と業績評価です。

経営方針と連動した人財戦略の一環として人事制度改革にも取り組んでおり，チャレンジへ向けた行動変容や，高い専門性と多様性の獲得などを掲げ，BIPROGYらしい行動（コンピテンシー）を定義し，その発揮状況を人事考課で評価しています。業績評価は個人（組織）目標の達成度（成果）を評価し賞与に反映します。

なお，それぞれの評価が決定した後，必ず上司と社員とのフィードバック面談を実施することとしており，面談において評価の最終結果だけでなく，期待を上回っていた点，今後改善が求められる点，次のステップに向けての期待事項などを伝えることで，社員の評価に対する納得性を高めるとともに，評価を

目 的 な ど	内　　容
DE&I全般に関する理解浸透/意識・行動変容促進	・ダイバーシティ・マネジメント研修 ・DE&Iセミナー ・ダイバーシティeラーニング ・アンコンシャスバイアスセミナー ・「Diversityな人たち」の紹介 ・DE&Iメールマガジン ・DE&Iダイアローグ
女性社員の理解浸透/意識・行動変容促進	・女性社員の階層別育成プログラム ・女性社員のネットワーク
介護についての理解浸透/意識・行動変容促進	・介護セミナー ・ダイバーシティ・マネジメント研修 ・介護ハンドブック ・eラーニング
介護についての制度・しくみの整備	・介護休職 ・介護休暇 ・フレックスタイム ・短時間勤務 ・カウンセリング
子育て支援についての理解浸透/意識・行動変容促進	・ダイバーシティ・マネジメント研修 ・産休・育休者面談 ・男性社員のネットワーク ・育児休職中のキャリア開発支援 ・育休ハンドブック
子育て支援についての制度・しくみの整備	・出産前に利用できる制度（不妊治療補助金，妊娠中の深夜業制限・時間外労働制限・休日労働制限措置） ・産前産後休職 ・育児休職 ・短時間勤務 ・妻の出産休暇
障害者についての理解浸透/意識・行動変容促進	・ダイバーシティ・マネジメント研修 ・eラーニング ・障害者とともに働くためのハンドブック
LGBTQについての理解浸透/意識・行動変容促進	・eラーニング ・メールマガジン ・ハンドブック

出所：同社資料をもとに筆者作成

通じた良好なコミュニケーションと社員のモチベーションの向上を図っています。また，評価は年1回（年度末）の実施になりますが，期中においても中間

面談や1on1ミーティングなどを通じ，適宜，目標達成状況の確認や，業務遂行上の課題について話し合うよう取り組んでいます。

　健康経営は，人財の力を引き出すうえでの基盤づくりです。会社・健康保険組合・福祉会という社員組織・労働組合が一体となり，社員が自分の健康に対して関心を持ち，健康増進活動への取り組みを活発化するように努めています。代表取締役社長（CEO）がグループ全体の健康経営戦略を統括する役割であるチーフ・ヘルス・オフィサー（CHO）を兼務し，健康管理を経営的視点から考え，戦略的に実践することをさらに加速しています。

　その他の健康経営に関する取り組みとしては，有給休暇の取得推進，年休取得奨励日の設定，アニバーサリー休暇制度，連続休暇取得の奨励などの取り組み，過酷な労働時間の排除，過重労働による健康障害防止対策などがあります。

　オフィス環境の整備としては，**図表4 - 35**のような施策を導入しています。

　同社はIT企業らしく，社員の健康維持・増進に対してITを活用した施策を講じています。例えば「健康ポイントプログラム」は，健康増進に向けた取り組みに応じてポイントを付与するプログラムであり，また，アプリを活用して，特定症状（肩こり・腰痛，肥満，睡眠不足など）の改善，食事改善を試行しています。

（図表4 - 35）　オフィス環境の整備

身体不調への対策	診療所，マッサージルーム（障害者雇用と連携）の設置
心身の相談対応	社員相談室の設置（産業カウンセラー・公認心理士によるカウンセリング）
社員食堂の整備	社員食堂において健康メニューを提供，自動精算機によるカロリー表示。 社員食堂において，障害者雇用と連携し自社農園で収穫した無農薬野菜を提供

出所：同社資料をもとに筆者作成

　最後に，メンタルヘルスを含めた同社の健康経営関連施策を**図表4 - 36**にまとめます。

| 図表 4 - 36 | 健康経営関連施策 |

従業員の健康への意識向上のための主な施策	・健康ポータルの提供 ・健康経営セミナーの開催 ・健康に関する検定試験の受験推奨 ・従業員への啓蒙
早期発見・対応への取り組み	・定期健康診断・人間ドック補助 ・診療所運営
メンタルヘルス対策への取り組み	・セルフケア ・ラインによるケア ・事業場内産業保健スタッフなどによるケア ・専門機関によるケア ・ストレスチェックの実施 ・新入社員への体験カウンセリング

出所：同社資料をもとに筆者作成

⑧ 人的資本指標

本事例の最後として，BIPROGYが設定している人的資本の指標についてみてみましょう。

同社が人的資本経営の成果を測る指標として最も注目している指標が，営業利益率と社員1人あたりの営業利益額，そしてエンゲージメントサーベイのスコアです。

同社は2015年度から風土改革をはじめとする人的資本経営を重点施策として推進しており，働き方改革の推進と生産性向上をテーマにこれまでに紹介した様々な施策を実施してきました。その成果として，営業利益率は取り組み前の2014年3月期の3.4％から2023年3月期には8.7％までに高まっています。また社員1人あたり営業利益額も着実に増加しており，2023年3月期の社員1人あたり営業利益は365万円と，2019年度から社員数が増加傾向にあるにもかかわらず，2013年3月期と比べて4倍近く伸びています。

次に，マテリアリティとして開示している指標についてみています。同社は，マテリアリティ項目の1つに「新たな未来を創る人財の創出・強化とダイバーシティ＆インクルージョンの進化」を掲げ，目標・KPIと進捗状況を開示しています。

エンゲージメントスコアに関しては，組織力向上の状況を確認するために組

織ごとのエンゲージメントスコアを測定しているほか，働き方改革関連施策の導入による効果を確認するためにエンゲージメントサーベイの「働き方関連スコア」を測定・開示しています。

「重点分野をリードする人財の獲得と育成」という人事戦略の成果は，同社の経営戦略に直結する「ビジネスプロデュース人財数」を代表的な指標として測定・開示しています。

働き方改革関連では，エンゲージメントサーベイのスコア以外にも，平均月間残業時間数や有給休暇取得率などの数値を通して，改革の実効性を測っています。働き方改革はまた，育児から復帰した社員が柔軟に働いたり，仕事と育児・介護の両立をしやすくしたりすることを通して，人材の多様性も促進します。そこで同社は，育児休業復職率や男性の育児休業取得率，介護休暇取得者数，女性役員・女性管理職比率，障害者雇用率などによってDE&I施策の効果を測っています。

健康経営の効果を測る指標としては，メンタル休職者の総休職日数，健康診断リスク者対応率，健康診断での血圧リスク者への診療所での診察および保健師による生活習慣指導率Ⅱ度・Ⅲ度高血圧者への対応率，労働災害発生件数などの他，社員の健康管理における主な指標として，定期健康診断受診率，喫煙率，運動習慣率，睡眠充足率，適正体重者率，高血圧者率，プレゼンティーイズム（体調不良やメンタルヘルス不調などが原因で従業員のパフォーマンスが低下している状態を測る指標），アブセンティーイズム（傷病で連続7日以上欠勤または休職した人数の従業員比率）など非常に多岐にわたります。

この他，離職率と社会貢献活動への役職員参加人数という指標を測定・開示しています。

離職率は，様々な施策が関連してこの会社で働き続けたいという社員の意志の表れといえるので，業界水準より大幅に低いBIPROGYの離職率は，同社のマネジメントが健康的であることを示す指標といえるでしょう。また，社会貢献活動への役職員参加人数というのも，「すべての人たちとともに，人と環境にやさしい社会づくりに貢献する」という企業理念が反映された，とてもBIPROGYらしさが現れている指標だと思います。

6. 株式会社りそなホールディングス

| 会社の概要 |

　株式会社りそなホールディングス（以後，文中ではりそなホールディングスといいます）は，りそな銀行や埼玉りそな銀行などを傘下に置く金融持株会社です。

　「りそな」は，「共鳴する，響きわたる」という意味を持つラテン語からの造語です。「リージョナル」つまり，地域の顧客の声に耳を傾け，共鳴し，響きあい，揺るぎのない絆を築きたいという想いが込められています。

　りそなホールディングスの歴史は，銀行再編の歴史でもあります。

　りそな銀行の前身の一つである大和銀行は，信託業務を併営する唯一の都市銀行として，関西を地盤とし，地域に密着した裾野の広い業務を展開していました。2000年4月，近畿銀行と大阪銀行が合併して近畿大阪銀行となり，関西トップクラスの規模を持つ地方銀行が誕生しました。さらに2001年8月，大和銀行，近畿大阪銀行，奈良銀行の3行は「スーパー・リージョナル・バンク」構想のもとに金融持株会社の設立による大和銀行グループの経営統合で合意しました。

　2001年12月，大和銀行グループは持株会社である大和銀ホールディングスを設立しましたが，翌2002年3月，大和銀ホールディングスにあさひ銀行が，都市銀行の持つ質の高い金融サービスと地域銀行の持つ地域に密着したお客さまとのリレーションを融合した，新しい金融グループを目指して経営統合を行いました。あさひ銀行は，都市銀行の協和銀行と埼玉銀行が1991年4月に合併し協和埼玉銀行としてスタートした銀行です。

　2002年10月に持株会社の社名をりそなホールディングスに変更し，翌2003年3月，大和銀行とあさひ銀行は分割・合併し，りそな銀行と埼玉りそな銀行に再編され，新たなスタートを切りました。

　2003年3月期決算における決算処理方法の変更によって，りそなホールディングスは自己資本比率が国の定めた最低基準を下回ることとなり，自己資本の

増強のため，公的資金の注入を要請せざるを得ない状況に陥りました。いわゆる「りそなショック」と呼ばれた出来事です。これに伴い，JR東日本副社長であった細谷英二氏をはじめ外部から社外取締役を招聘し，経営体制を刷新しました。新経営陣のもと，これまでの慣行や固定観念にとらわれない抜本的な改革（りそな改革）をスタートさせ，あらゆるものを見直しました。公的資金は2015年に完済され，その後も2017年11月に関西みらいフィナンシャルグループを設立し近畿大阪銀行をその傘下に組み込み，さらに2018年4月には三井住友銀行傘下の関西アーバン銀行とみなと銀行を加え，2019年4月には関西アーバン銀行と近畿大阪銀行が合併し，関西みらい銀行が誕生しました。そして，2024年4月には関西みらいフィナンシャルグループを吸収合併するなど，りそなの改革精神は現在にも引き継がれています。

｜本事例から特に学べる点｜

▶パーパスとビジョンからスタートし，長期的な戦略の方向性と中期経営戦略，長期的な人事ビジョンと人事戦略，さらに人材マネジメント施策，人的資本指標までが流れるようにデザインされています。

▶人事戦略を実現するための「ドライバー」（取り組むべき課題を層別したもの）を設定したうえで，それらに対応する人材マネジメント施策を検討しています。

▶同グループの歴史（どこから来て）と将来展望（どこに向かうのか）が経営戦略や人事戦略の立案において常に意識されています。

｜解説｜

りそなホールディングスの人的資本キャンバス（**図表4-37**）をもとに，同グループの人的資本経営ストーリーを順に見ていきましょう。

① 当社の存在意義

りそなホールディングスのパーパスは，“金融＋で，未来をプラスに。”です。

図表4-37　りそなホールディングスの人的資本経営キャンバス

人的資本経営キャンバス
りそなホールディングス

①企業の存在意義

- りそなグループ経営理念
  りそなグループは、創造性に富んだ金融サービス企業を目指し、お客さまの信頼に応えます。変革に挑戦します。透明な経営に努めます。地域社会とともに発展します。

- パーパス　　金融＋で、未来をプラスに。

- 長期ビジョン　リテールNo.1

③企業を取り巻く環境

- サステナビリティ・トランスフォーメーション（SX）：
  地球温暖化、気候変動、脱炭素社会へ、企業の社会的責任の高まり
- デジタル・トランスフォーメーション（DX）：デジタル化の加速
- 地方経済の活性化
- 産業構造の変化
- 超低金利環境
- 超高齢社会
- ライフスタイルの多様化
- 貯蓄から資産形成へ

⑤人事戦略

（HRビジョン）
- 多様な内外のパートナーが共鳴（Risona）し合い、豊かな未来をつくる

（人事戦略の3つの柱）
- エンゲージメント（従業員と会社の共鳴）
- プロフェッショナル（多様な専門性の共鳴）
- 共創（りそなと外（パートナー）の共鳴）

6つのドライバー

① リーダー
② 越境
③ 専門性
④ 自律と支援
⑤ 働きがい
⑥ 働きやすさ

⑥人材マネジメント上の課題あるいは方向性

人財戦略のドライバー：リーダー
- 社内外の多様な人財との共創を目指したD&Iのさらなる進展
- 多様な価値観・経験を有するリーダーの育成・確保

人財戦略のドライバー：越境
- 組織を超えたキャリア・ネットワーク形成による個々人の成長・組織力強化
- 従業員の主体的な異文化経験による金融の枠にとどまらない成長

人財戦略のドライバー：専門性
- 全従業員の「プロフェッショナル人財」への成長
- 多様な専門性を持つ人財の協力・連携によるソリューション力向上

人財戦略のドライバー：自律と支援
- 自律的に考え、学び、挑戦する組織風土の醸成
- 自己成長できる環境やキャリア実現機会提供による会社と従業員双方の成長

人財戦略のドライバー：働きがい
- 従業員一人ひとりが自分らしく働ける環境をすべての職場で実現
- 会社や社会への貢献にかかる仕事の意義を感じ、成長・自己実現ができる

人財戦略のドライバー：働きやすさ
- 従業員一人ひとりが希望するワークライフバランスの実現
- りそなグループで長く安心して心身ともに健康に働くことができる

(Human Capital Management Canvas)

事業内容：リテールバンキング業務
売上高：867,974（百万円）2023年3月
従業員数：19,283人（連結）1,554人（単体）2023年3月

②企業文化（バリューなど、目指す姿でも良い）

りそなWAY（りそなグループ行動宣言）
社会：「りそな」は社会とのつながりを大切にします　　　お客さま：「りそな」はお客さまとの信頼関係を大切にします
株主：「りそな」はとの関係を大切にします　　　　　　従業員：「りそな」は従業員の人間性を大切にします

りそなSTANDARD（りそなグループ行動指針）
お客様のために・変革への挑戦・誠実で透明な行動・責任ある仕事・働きがいの実現・株主のために・社会から
の信頼

④経営戦略

（長期的な戦略の方向性）
　・これまでのビジネス構造・経営基盤を変革するコーポレートトランスフォーメーション（CX）
（中期戦略）
　・価値創造力の強化
　　　深掘・挑戦（コンサルティング力の強化，オールりそなの発揮，データ活用）
　　　　　　　　　　　　　　　　　　×
　　　共創・拡大（金融デジタルプラットフォーム，インオーガニック投資）
　・経営基盤の次世代化
　　　ガバナンス，人的資本，知的資本

⑦人材マネジメント施策（個人の強化・集団の強化）

· 新任女性経営職階向けのメンタリング制度
· 女性従業員を対象としたリーダー研修
· 「りそなWomen's Council」活動
· キャリア採用の充実
· マネジメントスキル・リーダーシップ研修
· 出向や外部派遣研修での異文化経験

· 他社や官公庁への出向
· グループ企業間での出向拡大
· 大学院への派遣プログラム
· 異業種人財との共創による新規事業創出経験
· アルムナイ・リファラル採用

· 業務別の20コースからなる複線型人事制度
· 人財育成投資拡充
· 資格取得サポート拡充

· 社内公募制度「キャリアチャレンジ制度」
· 「トータルキャリアサポート体制」を整備
· 学習支援システム（LMS）導入
· タレントマネジメントシステム（TMS）導入

· 心理的安全性の確保
· 1 on 1やタウンミーティングを通した対話促進
· 処遇向上
· 選択定年制

· 多様な勤務制度の導入
· テレワーク利用の全従業員への拡大
· 育児，介護関連制度の充実
· 健康経営の推進
· 資産形成サポート

⑧人的資本指標と目標

· 女性ライン管理職比率
· キャリア採用管理職比率

· 新任経営職階層におけるキャリア採用・越境経験者割合

· 高度専門人財数

· 社内公募合格者数累計
　（2021 年度～～2030 年度）

· 意識調査肯定回答割合
(1) 仕事のやりがい
(2) 職場の風通し

· 有給休暇取得割合

これは，長期ビジョンならびに2023年度からの3年間を計画期間とする新たな中期経営計画とともに2023年5月に策定されました。

この「＋（プラス）」には，これまで同グループが培ってきた金融サービスの強みを活かしながら，従来の金融サービスの枠にとどまらず，新たな価値の創造を通じて，顧客の"こまりごと"を解決していくこと，そして，これまで以上に社会に貢献し，地域・リテールの顧客にもっとも支持される存在になること，という意味が込められています。

そして，このパーパス実現のため，同グループは長期的に目指す姿を整理しました。

同グループが長期的に目指す姿（長期ビジョン）は，要約すると次のようになります。

・りそなのDNAである「変革への挑戦」を次世代に繋ぐ。

図表 4 - 38　りそなホールディングスの歴史

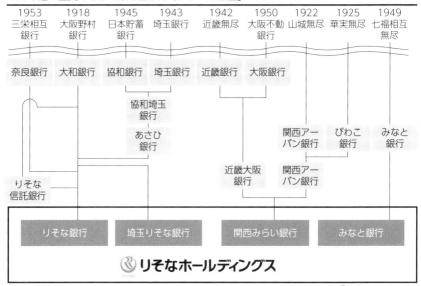

出所：同社資料

- 顧客と地域社会が抱えるニーズの多様化・高度化によりきめ細かく対応しつつも，コストと収益の最適化を図る。
- 「お客さまの喜びがりそなの喜び」という基本姿勢を貫きながら，これまでのビジネス構造・経営基盤を変革する「コーポレート・トランスフォーメーション（CX）」に踏み出す。
- そのために，「価値創造力の強化」と「経営基盤の次世代化」に取り組む。

そして設定されたのが長期ビジョン「リテールNo.1」です。

この長期ビジョンは，次に掲げる3つの理由で同社の強みを発揮できる目標になっています。

まず第1に，同グループには100年超の歴史のなかで築き上げた「リテール基盤」があります（**図表4-38**）。

図表4-39 りそなグループの特長

りそなグループの特長

出所：同社資料

図表4 - 40　りそなグループのリテール業務

	りそな	メガバンク3G平均	地銀上位10G平均
その他	20.8%	41.2%	31.8%
中小企業向け	37.7%	40.9%	35.9%
個人向け	41.3%	17.8%	32.2%

出所：各社決算資料(23/9)．りそな：グループ銀行合算(RB＋SR＋KMB＋MB)，メガバンク3G：三菱UFJ＋三菱UFJ信託，みずほ＋みずほ信託，三井住友，地銀上位10G：連結総資産上位10地銀G(ふくおかFG，コンコルディアFG，めぶきFG，千葉，ほくほくFG，しずおかFG，八十二，西日本FHD，九州FG，北洋)

　第2に，同グループは「メガバンクの強み」と「地方銀行の強み」ならびに「信託銀行の強み」を持ち，これは「高度な機能とスケールメリット」と同時に「地域密着型リテール営業基盤を持つことを意味します（**図表4 - 39**）。

　第3に，同グループでは2023年9月末時点の貸出金の対象が，中小企業向けと個人向けを合わせて79％に及びます。これは三菱UFJ＋三菱UFJ信託，みずほ＋みずほ信託，三井住友のメガバンク3グループの平均58.7％を大きく上回り，上位地銀グループの平均と比較しても突出した数字です（**図表4 - 40**）。

②　企業文化

　先に触れたとおり，「りそなショック」からの再建を目指すりそなホールディングスの会長に東日本旅客鉄道（JR東日本）の副社長だった細谷英二氏が就任しました。細谷氏はりそなショックで不安の渦中にいた従業員に対し，グループの全従業員が進むべき方向と共有すべき価値観を示すものとして"りそなWAY"を植えつけました（**図表4 - 41**）。

図表4 - 41　りそなWAY

「りそな」はお客さまとの信頼関係を大切にします。
「りそな」は株主との関係を大切にします。
「りそな」は社会とのつながりを大切にします。
「りそな」は従業員の人間性を大切にします。

出所：同社資料をもとに筆者作成

ソニーやホンダにも見られるように，創業者の考えは，その企業の企業文化を形成するうえで大きな影響力を持つものです。りそなショックからの再建を目指し，“新たな創業”をリードされた細谷氏の想いも，現在に至る新生りそなグループの文化を形作ったものと思われます。

細谷氏は「ABC経営」という言葉をよく使っていました。あたり前のことを（A），ばかにしないで（B），ちゃんとやる（C）経営のことです。彼は従業員に対して，経営の基本はどの産業でも同じなのだと訴え続けました。銀行はサービス業だと語り，顧客の目線に立ってサービス改革を実行しなければ銀行は再生しないと繰り返してきました。

もちろん，想いや掛け声だけで組織文化が変わることは難しく，従業員は細谷氏が仕掛けた，銀行の常識を否定した，様々な新しいやり方を見て，りそなの企業文化が変わったということを認識していったのです。

細谷氏は，銀行が行うべきサービス改革の1つに店頭での待ち時間の短縮があると感じており，そこで，全支店に「待ち時間ゼロ運動」を導入し，支店の閉店時刻を午後5時に延ばし，顧客の順番待ちに対する苛々（イライラ）を軽減しました。こうした目に見える実績が，顧客だけではなく従業員にも“りそなは生まれ変わった”というイメージを植え付けていったのです。

りそなホールディングスのグループ執行役CHROの関口氏は，同グループの企業文化とそれが人的資本経営にもたらす影響を次のように表現しています。

> “当グループはフラットな企業文化を持ち，トップとの心理的距離も他行に比べて近いと考えています。業務の性質上，他行においても「人が財産」という点は変わりないと思いますが，企業文化の違いが人的資本経営のアプローチに違いをもたらし，差別化の源泉になるのではないかと信じて進めています”

③　企業を取り巻く環境

りそなホールディングスを取り巻く環境は，超高齢社会，産業構造の変化，デジタル化の加速，超低金利環境，地球温暖化，気候変動，脱炭素社会，ライフスタイルの多様化など様々です。もっとも，こうした環境が同グループの在り方やサービスに影響を与えることは間違いありませんが，同時にこれらの環

境は同グループ以外の金融グループにも同じように影響を与えます。さらには，銀行法や金融機関法，預金保険法，為替および外国貿易法などの法律や規制に従いつつ，金融機関の監督に関する法律によって金融庁の監督・管理下で金融安定性や市場の健全性を確保するために様々な措置を講じることが等しく要請されるため，その中で金融グループ各社はそれぞれのパーパスや強みを活かした独自性の高い戦略を打ち出そうとしています。では，りそなホールディングスの経営戦略を見てみましょう。

④　経営戦略

　先に紹介した「パーパス」と「長期ビジョン」があってはじめて，そこに向けての戦略が生まれます。同グループではパーパス「"金融＋で，未来をプラスに。"」と長期ビジョン「リテールNo. 1」が非常に明快なため，経営戦略がとてもわかりやすいものになっていると思います。

　同グループの長期的な戦略の方向性は「これまでのビジネス構造・経営基盤を変革するコーポレート・トランスフォーメーション（CX）」です。そして，その長期的な戦略達成に向け，2023年からの3年間はデジタル・トランスフォーメーション（DX）といった企業を取り巻く潮流を見据えて「変化への適応」と「収益・コスト構造改革のさらなる加速」を図るべく，「価値創造力の強化」と「経営基盤の次世代化」を経営戦略として打ち出しています（**図表4－42**）。

　「価値創造力の強化」では，これまで同グループが培ってきた強みをさらに磨いていく「深掘・挑戦」の取り組みとビジネス基盤や経営資源，機能を拡大していく「共創・拡大」の取り組みの相乗効果を狙っています。

　具体的には，「深掘・挑戦」の取り組みとしてはコンサルティング力の強化やグループとしての力を結集する「オールりそな」活動，テクノロジーやデータの利活用などがあり，「共創・拡大」の取り組みとしては，インオーガニック投資（他社との提携などに投資すること）や金融デジタルプラットフォームを通して地域や異業種などとの戦略的提携を拡大させる取り組みがあります。

　もう一方の経営戦略である「「経営基盤の次世代化」」には，グループガバナンスの強化，人的資本，知的資本の次世代化のための投資拡充が挙げられてい

第4章 人的資本経営キャンバスの作成事例 153

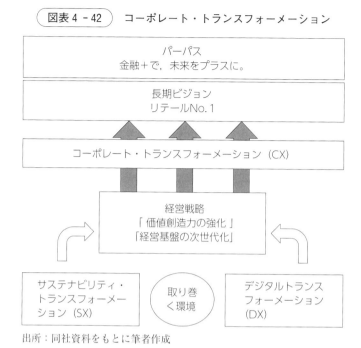

図表4-42 コーポレート・トランスフォーメーション

出所:同社資料をもとに筆者作成

ます。

　これまで見てきたように,りそなホールディングスでは,グループのパーパス・ビジョン,企業文化,企業を取り巻く環境,そして経営戦略が流れるようなストーリーでつながっていることがおわかりいただけたかと思います。そしてその経営戦略,特にその中の「経営基盤の次世代化」という経営戦略に基づいて人事戦略が展開されていくのです。

⑤　人事戦略

　同グループは,経営戦略を立案する前に長期ビジョンを策定したのと同じように,人事戦略(同グループでは"人財戦略"と呼んでいます)を立案する前に「HRビジョン」を策定しています。この「HRビジョン」は,「多様な内外のパートナーが共鳴(Resona)し合い,豊かな未来をつくる」というものです。長期ビジョン「リテールNo.1」とも連動していますが,経営戦略の「共創・

拡大」との連動も想起させるビジョンです。

　そして，このHRビジョンを起点として，「共鳴」の対象を従業員，専門性，外部パートナーに設定して人財戦略（3つの柱）を定めました（**図表4‒43**）。

図表4‒43　りそなホールディングスの人財戦略（3つの柱）

・エンゲージメント（従業員と会社の共鳴）
・プロフェッショナル（多様な専門性の共鳴）
・共創（りそなと外（パートナー）の共鳴）

出所：同社資料をもとに筆者作成

　さらに，人財戦略を達成するために何が必要かを考え，同グループがこれまで大切にしてきた組織風土をベースに，経営戦略や就業価値観の変化などを踏まえて，「6つのドライバー」（リーダー，越境，専門性，自律と支援，働きがい，働きやすさ）を設定しました（**図表4‒44**）。人財戦略やその達成のためのアプローチにおいても，企業文化や経営戦略との連動が意識されているのです。この「ドライバー」というのは，次のように説明することができます。すなわち，人財戦略を実現するためのアプローチは様々であり，人財戦略からいきなりアクションに落とし込むのはかなり難しい作業となります。そこで，人財戦略を達成するために必要な課題を整理してから，その課題を克服するために打ち手である各種施策を検討するほうがやりやすいだけでなく，より的を射たアクションを検討することができます。りそなホールディングが設定した「ドライバー」というのは，人材マネジメント上の具体的な施策を検討するにあたって，課題，あるいは方向性を整理するための着眼点といえるでしょう。では，それぞれの「ドライバー」はどのような意味を持ち，それによって何を目指すのかについて1つずつ見ていきましょう。

　6つのドライバーのうちの「リーダー」は，多様なリーダーの育成を意味しています。社内外の多様な人財との共創・価値創造を目指し，ダイバーシティ＆インクルージョンをより高いレベルで進めるべく，様々な性別・経験・年代などのリーダーの育成・確保に取り組むこととしています。

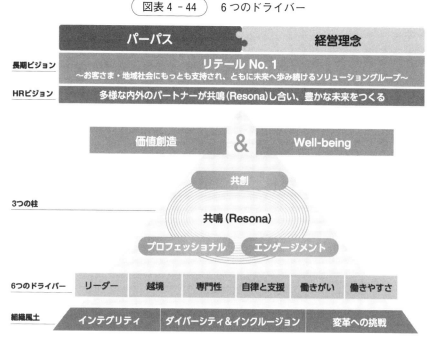

図表4-44　6つのドライバー

出所：同社資料

　「越境」は，異文化経験を通じた多様な価値観・ネットワークの形成を意味します。新たな視点の獲得による多様性への受容力向上や共創に向けた多様なネットワークの構築を目指し，りそなグループ内外にかかわらず所属する組織の枠を超えた経験や交流機会を提供するとしています。

　「専門性」は，多様な"こまりごと"に対応できるプロフェッショナル人財の育成・確保を意味し，同グループの従業員全員が各業務分野において，多様な顧客の"こまりごと"を解決し，より大きな喜びをもたらせるだけの「専門性」と「人間力」を兼ね備えた「プロフェッショナル人財」の育成を目指しています。

　「自律と支援」は，従業員一人ひとりの自律的なキャリア形成に向けた支援を意味しています。

　「働きがい」は，活き活きと働くことができる環境（仕事のやりがい・職場

の風通し）づくりを意味しています。具体的には，性別・年齢・職種に加え，業務の面でも多様な人財一人ひとりがプロフェッショナルとして成長する環境・仕組み作りを進めます。

　「働きやすさ」は，従業員が安心して働くことができる環境（ワークライフバランス・健康経営）づくりを意味し，ライフスタイルやライフステージに応じた多様な働き方の選択肢の提供や心身両面での健康促進の取り組みを進めるとしています。

⑥　人材マネジメント上の課題あるいは方向性

　次に同グループが行ったことは，前述の「6つのドライバー」それぞれに対して，目指す姿を明確にしたことです。これは人的資本経営キャンバスにおいて人事戦略の次に「人材マネジメント上の課題あるいは方向性」を検討するのと同じ発想です。

　ドライバー「リーダー」に対しては，"社内外の多様な人財との共創を目指したD&Iのさらなる進展"と"多様な価値観・経験を有するリーダーの育成・確保"が目指す姿です。

　「越境」に対しては，"組織を超えたキャリア・ネットワーク形成による個々人の成長・組織力強化"と"従業員の主体的な異文化経験による金融の枠にとどまらない成長"を目指します。

　「専門性」に対しては，"全従業員の「プロフェッショナル人財」への成長"と"多様な専門性を持つ人財の協力・連携によるソリューション力向上"を目指します。

　「自律と支援」に対しては，"自律的に考え，学び，挑戦する組織風土の醸成"と"自己成長できる環境やキャリア実現機会提供による会社と従業員双方の成長"が目指す姿です。

　「働きがい」が目指す姿は，"従業員一人ひとりが自分らしく働ける環境をすべての職場で実現"と"会社や社会への貢献にかかる仕事の意義を感じ，成長・自己実現ができる"です。

　「働きやすさ」に対しては，"従業員一人ひとりが希望するワークライフバランスの実現"と"りそなグループで長く安心して心身ともに健康に働くことが

できる"が掲げられています。

　このような，それぞれの「目指す姿」に近づくために様々な打ち手，すなわち「人材マネジメント施策」が検討されています。

⑦　人材マネジメント施策

　目指す姿が明らかになれば，次はそれらに対して何を行うかを検討することになります。それが「人材マネジメント施策」，すなわち，目指す姿に到達するための「打ち手」です。

　ドライバーの1つ，「リーダー」の目指す姿に近づくための主な打ち手は，女性活躍支援プログラム，キャリア採用拡充，選抜・階層別研修プログラムであり，具体的には新任女性経営職階向けのメンタリング制度，女性従業員を対象としたリーダー研修，「りそなWomen's Council」活動，キャリア採用の充実，マネジメントスキル・リーダーシップ研修，出向や外部派遣研修での異文化経験などを行っています。

　「越境」の目指す姿に近づくための主な打ち手は，外部派遣研修・外部出向・グループ会社間出向やアルムナイ・リファラル採用であり，具体的には他社や官公庁への出向，大学院への派遣プログラム，異業種人財との共創による新規事業創出経験などを導入しています。

　「専門性」の目指す姿に近づくための主な打ち手は，複線型人事制度の導入，人財育成投資の拡充，資格取得サポートの拡充です。複線型人事制度は，業務別の20コースからなる人事制度で，コース毎の育成体系も準備しています。

　「自律と支援」の目指す姿に近づくための主な打ち手は，社内公募制度,「トータルキャリアサポート体制」の整備，学習支援システム（LMS）・タレントマネジメントシステム（TMS）の導入です。特にキャリアサポートとしては，キャリアカレッジを年2回実施したり，キャリアデザイン研修と所属長によるサポートを実施したりしています。

　「働きがい」の目指す姿に近づくための主な打ち手は，心理的安全性の確保，1on1やタウンミーティングを通じたコミュニケーションの活性化ならびに処遇向上を掲げています。

　「働きやすさ」の目指す姿に近づくための主な打ち手は，働き方改革，育児・

介護・病気などと仕事の両立支援，それに健康経営です。具体的には，多様な勤務制度の導入やテレワーク利用の全従業員への拡大，育児・介護関連制度の充実，さらには従業員の資産形成のサポートも行っています。

　人材マネジメントの施策には数えきれないほどの施策があります。企業の事例集を見ると各社が様々な施策を講じていることが学べるので，自社にも取り入れてみたいという気になりがちです。ここに落とし穴があって，最初に施策に目がいってしまうと，どうしても"ユニークな"，"流行りの"施策に飛びついてしまうのです。**りそなホールディングスのように，目指す姿を明確にすることによって，多くの選択肢の中から最も効果的かつ自社らしい施策を講じることができます。**もちろん特定の施策さえ導入すれば必ず目指す姿に到達できるとは限りません。そこで，講じた施策が狙いどおりに機能しているかを確認し，場合によっては施策を追加・修正できるように，人的資本指標を設定して定期的に状況を把握するのです。本事例の最後として，りそなホールディングスが選んだ人的資本指標を見てみましょう。

⑧　人的資本指標

　同グループの人的資本指標の詳細は，同グループの人的資本経営キャンバス（**図表4‐37**）を参照いただきたいと思います。

　人的資本経営キャンバスを見ると，人材マネジメント施策に期待する効果としてオーソドックスな人的資本指標が選定されていることがわかります。

　同グループが選定した指標の特徴は，人材マネジメント施策それぞれに対する進捗や効果というよりも，その上位概念である「ドライバー」が目指す姿に近づいているかを確認するための指標といえるでしょう。すなわち，本書の第1章第4節で説明した「人材マネジメント施策の実施効果を測る」指標が選択されています。

　これを逆算して考えると，人的資本指標が目標を達成すれば，それは「6つのドライバー」の目指す姿に近づいていること，つまりは人事戦略の実現に向けて着実に向かっていることと理解することができるのです。

　最後に，りそなホールディングスの執行役グループCHROである関口英夫氏に，同グループが人的資本経営に取り組んだきっかけやその効果についてお聞

きしたところ，次のようにお話しいただきました。

"私は人的資本経営という概念を，これまで取り組んできた様々な人材マネジメントの取り組みを見直し，整理する機会として捉えています"

"りそなグループにとって人財への投資は近年に始まったことではありませんが，「りそなショック」はその取り組みに大きな影響を及ぼしました。りそなショックによって多くの社員が退職し，新規採用も大幅に抑制され，その中で事業存続の危機を乗り越えるためには，残った人財の持てる力を最大限に発揮できるようにするしかなかったのです。そのため，当社では女性，中高年層，パートナー社員の活躍推進や，少ない新入社員の即戦力化が必須となり，そのための人的資本経営を展開していったのです"

"当社は人財への投資，今でいう人的資本経営を企業の存続をかけて取り組んできたため，取り組みにかける「本気度」はとても高いものがあります。まだまだ取り組みの途上ではありますが，全体的に見れば，挑戦するマインド，変化への対応，女性の登用や越境人材数などの指標にもその効果は表れていると感じています。また，社外に対して各種の指標を開示し始めてから，特にキャリア採用者とのインタビューで人的資本経営について話題にあがることが多くなっており，この点でも情報開示の効果を感じています"

第 **5** 章

事例から学ぶ人的資本経営を
進めるためのポイント

　人的資本経営という概念に賛同し意欲的に取り組んでいる企業がどのような
人的資本経営ストーリーを持っているのかを知りたい，という想いから始めた
事例調査は，6社のご協力を得て第4章で紹介することができました。

　本章では，6社の事例を振り返りながら，調査を始める前に明らかにしたい
と考えていた点について検討したいと思います。

1　人的資本経営の共通点

　第4章で紹介した企業が属する業界は，運輸業界，情報・通信業界，鉄鋼業
界，食品業界，金融業界，といった様々な業界でしたが，経営戦略の方向性に
おいていくつかの共通点を持っています。

　まず，市場の変化や競争環境の動向に対応して保有する資本の最適化と事業
の選択と集中を行うために，どの業界においても事業構造の再編や整理を行う
必要があります。これにより，より収益性が高く，成長の可能性がある事業に
資本を集中させることを可能にするのです。また，企業の長期的な競争力を保
持し強化するためにも，事業ポートフォリオの定期的な見直しは不可欠です。

　次に，いずれの業界においても，技術革新の影響を受け，業務プロセスの効
率化や新たなビジネスモデルの創出が求められます。さらに，グローバル化の
進展に伴い，国際競争力を強化し，組織の多様性に関する理解を深めることが
共通の課題となっています。さらには，環境保護と持続可能性の取り組みも，

すべての業界における重要なトレンドです。

事例企業の経営戦略にもこうした点が反映されています。

特に，事業構造の再構築や不採算事業の整理，企業の社会的責任の履行は，すべての事例企業が経営戦略に盛り込んでいます。

事業構造の再構築や不採算事業の整理を行うと，組織能力の再構築や新しい能力の獲得が必要になります。その際，多様な人材を保有していれば，新たに人材を外から採用しなくとも内部の配置換えやリスキリングで対応できる可能性が高くなり，新たなチームの組成がスピーディーに進むことが期待できます。また，組織の多様性は，すべての業種・企業にとって必要なイノベーションをもたらします。

同時に，どこの企業でも経営のベースになるのは，社員が健康で意欲的に働ける職場環境です。

こうしたことから，事例企業6社は，属する業界は異なるものの，人的資本経営，人材マネジメントの取り組みにおいて次に掲げる共通点を持っていました。

(1) 人材育成の重視

企業が社員のスキルアップとキャリア発展をサポートするために，継続的な教育プログラムやトレーニングを提供することは，人的資本経営において中心的な役割を果たします。この取り組みは，社員が業務に必要な最新の技術や知識を身に付けることを可能にし，組織全体のイノベーションと生産性の向上に寄与します。さらに，個人のキャリアパスを明確にし，モチベーションの向上や離職率の低下にもつながります。事例企業はオンラインコース，ワークショップ，メンタリングプログラムなど，多様な形式でこれらの教育機会を提供し，社員が自己実現を達成できるよう支援しています。また，事業の再編と社員のキャリア開発のためのリスキリングも戦略的に実施されています。他にも人材育成のアプローチで共通する方向性があります。それは「自律社員」の育成です。変化が速い時代だからこそ，現場で顧客と対峙している社員一人ひとりがその時々の状況に応じて自分で考え対応しなくてはなりません。また，そうした仕事の経験を通して，自分は何をもっと学ばなければならないか，自

分に適した仕事は何かということを，これも自分で考え行動を起こす必要があるのです。こうしたことができる「自律社員」を育てるために，事例各社は社内公募制度や自己申告制度，選択制研修などの機会を提供しています。

(2) ダイバーシティ＆インクルージョン（DE&I）

　組織の多様化とその力を最大限に活用することは，現代の企業経営において不可欠な要素となっています。これにより，異なる背景，経験，視点を持つ人々が一つのチームとして機能し，革新的なアイデアを生み出すことができます。多様性を重視する企業は，性別，年齢，性的指向，障がいの有無など，様々な要素に基づく差別を排除し，すべての社員が平等にチャンスを得られる環境を作り出しています。これは，創発する企業文化の醸成や，企業ブランドへのポジティブな影響をもたらすことが期待されます。これまでのDE&I活動の中心は女性の登用や障がい者雇用であり，事例企業は各社ともこれらの課題に継続して取り組んでいますが，中にはLGBTQ＋や性別を超えた個の多様性の促進とその活用に目を向けている企業が出てきています。

(3) イノベーションへの投資

　いうまでもなく，持続可能な成長と競争力を維持するためには，イノベーションへの投資が不可欠です。企業は新技術の採用，製品開発，サービスの改善に積極的に資源を割り当てることで，市場でのリードを保ち，顧客ニーズに応え続けることができます。とはいえ，イノベーションはある日突然生まれてくるものではなく，社員が専門性を高め，専門性を持った社員が結びつくことによって生まれ，またこのプロセスは，社員からのアイデアを奨励し，実験的なプロジェクトを支援する文化を通じてさらに強化されます。

　事例企業でもこうしたアプローチを奨励しており，社員の専門性を高める教育や経験を広げる機会を創出するしくみを導入し，また，部門を超えたプロジェクト活動や社員が自発的に集まるような「場」を意識的に用意しています。

(4) 健康経営の強化

　健康管理プログラムの充実は，社員の生産性と満足度を高める重要な手段で

あり，人的資本経営の基盤をなすものです。身体的，精神的健康をサポートすることで，ストレスの軽減，病気の予防，職場での幸福感の向上が期待できます。社員が健康であればあるほど，企業のパフォーマンスも向上し，長期的な成功に貢献します。事例企業は，健康診断，メンタルヘルスのカウンセリングなどを通して健康経営を推進しています。もっとも，健康は会社から与えられるものではなく，自分の健康は自分で管理するのが基本です。したがって事例企業の取り組みは，社員が自律的に自分の健康管理をできるようになるサポートが中心となっています。また，事例企業で特筆すべきは，そのモニタリングの丁寧さです。社員の健康状況を様々な指標を使ってモニターし，対策に結びつけています。

(5)　柔軟な働き方の導入

　柔軟な働き方の導入は，ワークライフバランスの改善と社員満足度の向上に直接的に寄与します。テレワーク，フレックスタイムなどの時間の柔軟性を確保する施策と，リモートワークなどの場所の柔軟性を確保する施策を通じて，会社は社員に仕事と私生活のバランスをより自律的，効果的に管理できる機会を与えています。

(6)　社会的責任の履行

　企業が社会的責任を果たすことは，そのブランド価値と社会からの信頼を高める上で重要です。環境保護，地域社会への貢献，倫理的な行動は，企業が長期的な成功を実現するために必要な要素です。この点については，人的資本経営キャンパスにはあったものの，本書の本文ではあまり紹介しませんでした。事例企業は，そもそもその存在意義を社会課題の解決とする企業も多く，また，いずれの企業もESG経営の観点から人権デューデリジェンスの実施や人権に関する教育を実施しています。

　このように，各社は共通して，組織の多様性を高めその融合を高めながら（DE&I），経営戦略・事業戦略に応じて社員を育成し，適所に配置することに注力しています。同時に，そうして力を付けた社員が，やる気（エンゲージメント）を高めてその持てる力を発揮できるような環境整備を行っています。

本書の第2章で「AMOフレームワーク」をご紹介しましたが，事例各社が共通して使っているのは，これにE（Environment：環境）を加えた「AMOEフレームワーク」とでもいえるものです（**図表5-1**）。

(**図表5-1**)　AMOEフレームワーク

社員の業績 ＝ 社員の能力× 　やる気　 × 　　機会　　 × 　　環境
　　　　　　　　(Ability)　 (Motivation)　(Opportunity)　(Environment)

出所：筆者作成

　こうしてみると，事例企業の人的資本経営のコアな部分に類似性が見られるのは，属する業界は違えども，事例企業の経営戦略の大きな方向性に類似性があるためだと思われます。

2　業界の特性が人的資本経営に与える影響

　一方で，それぞれの業界は，そのビジネスモデル，規制環境，および業界内の競争構造において大きく異なる点もあるため，たとえ経営戦略の大きな方向性が同じであってもやはり各業界・各社特有の経営戦略が必要になります。
　鉄鋼業界は資本とエネルギー集約型であり，長期的で大規模な設備投資が必要です。航空機の購入やメンテナンス，空港インフラの開発など，莫大な初期投資と継続的な資金投入が必要な航空業界，不動産事業も似たような性格を有しています。
　情報・通信業界は技術力のアップデートが競争力の鍵を握っており，それを用いて世の中に新しいサービスを提供します。金融業界も，信頼性と規制遵守という業界の基盤を維持しながらも，デジタル技術を用いた，より簡単でわかりやすい新しいかたちのサービスが求められています。これらの業界では多様なサービスを多様な顧客に提供するため，業界や企業の垣根を越えた活動が欠かせません。また，食品業界は，製品の多様化と市場の地域性が特徴です。縮小化傾向にある国内市場で戦いつつ，海外市場を開拓することが重要なテーマ

の1つとなっています。

　このような業界特性の違いは，事例企業の経営戦略に違いをもたらしています。例えば，投資した事業の収益安定化（神戸製鋼所，サッポロホールディングス，ANAホールディングス），共創（りそなホールディングス，BIPROGY，SCSK），海外事業の成長加速（サッポロホールディングス）はその特徴的な例です。

　こうした経営戦略上の差異は，企業の人的資本経営にどのような影響を与えるでしょうか。

　総じていえば，長期的に技術を磨き絶え間ない品質向上を図っていくべき製造業では，ものづくりを中心とした技術継承などの長期的な視点での人材育成が必要となり，一方，より速い時間軸の技術革新へ対応すべき情報・通信企業では常に人材ポートフォリオの組み換えをしながら新たな社会ニーズに応えていくことが必要となります。また，いずれの業界でも組織の多様性が求められていますが，それが要求される程度は，業界を超えたパートナーと協力関係を作りながらビジネスを進める業界や，多様な製品・サービスラインナップを多様な消費者に提供するビジネスでは特に大きくなります。この点で，「共創」を経営テーマとする情報・通信企業や，対象顧客層が広い金融企業，一般消費者向けビジネスも展開する航空企業，食品企業は備えるべき多様性の程度が高く，グループ外出向や異業種交流などを通してさらに多様性を拡大し，同時にそのインクルージョンについて学び合っています。

　また各企業とも海外展開を行っていますが，その注力の程度や時間軸が異なるため，海外ビジネス推進に対応するための人材採用や人材育成の取り組みは企業によって違いが出ています。

3　企業の存在意義や文化の違いが人的資本経営に与える影響

　この問いに対しては，SCSKとBIPROGYの人的資本経営の比較を通して検討してみたいと思います。

　業種やビジネスの内容がなるべく近いと思われる企業の人的資本経営を比較することによって，業界の特性や経営戦略が人的資本経営に与える影響や，逆

に業界特性以外の「何か」が人的資本経営に与える影響の有無の確認が期待できます。

あらためて両社の人的資本経営の特徴を概観すると，まず第1に，共に事業戦略と連動した人材ポートフォリオを構築しつつ，自律的な高度プロフェッショナル人材の育成を行っている点に共通した特徴があります。

情報・通信業界においては，経済産業省によって2002年に策定されたIT人材が有する専門性やスキルレベルを評価するための指標である「ITSS（IT Skill Standard）」や，情報システムを利用するユーザー企業に必要な知識やスキルを整理した「UISS（Users' Information Systems Skill Standards」，組み込み系ソフトウェアの開発に求められるスキルを整理し，体系化した指標である「ETSS（Embedded Technology Skill Standards）」などが整備されているために，これらに準拠した形でのスキル開発・キャリア開発のロードマップが体系化しやすいのかもしれません。

両社にはこの他にも共通した点があります。それは，両社とも，職能資格制度を人事制度の基軸としている点です。一般的に職能資格制度は長期間かけてジェネラリストを育成するのには適しているものの，専門性の高い人材を育成するにはあまり適していないという見方があり，そのためにいわゆるジョブ型の人事制度に移行している企業が増えています。しかしながら両社は情報・通信業界という高い専門性が要求される業界において，社内の専門性認定制度や複線型人事を採り入れながら職能資格制度を運用しています。この点は職能資格制度のもとで社員の専門性を高めたいと考えつつ，ジョブ型への移行を躊躇している企業の参考になると思います。

両社とも既に紹介したとおり，人材マネジメント施策の数々も，そのメニューだけを見れば現在他社が行っているような施策はほとんどすべて導入されているといっても良いくらいに充実しています。これも両社が，人材獲得競争の特に激しい情報・通信業界に属するからかもしれません。

では両社の人的資本経営には違いはないのでしょうか？

私は，経営理念の違いや企業文化の違いが，わずかながらも両社の人的資本経営のアプローチの差異を生み出しているように感じました。

誤解を恐れずに言えば，BIPROGYの人的資本経営の起点は「社会ファース

ト」にあるように思います。

　BIPROGYは事例にも記述したように，顧客のあらゆる要望を形にすることで世の中の期待に応え，また新たな社会づくりに貢献してきました。世の中にないものをITの力で形にするわけですから，かなりの難題に直面したことも少なからずあったと思いますが，社員の「逃げない・やりきる・あきらめない」がそれをことごとく実現してきました。同社の企業理念にも，社会の期待と要請が最初にあり，それに対し高品質・高技術の追求で応え続けることで，社会・顧客にとって魅力ある会社になるということが盛り込まれていますし，経営方針として「For Customer」，「For Society」が掲げられています。BIPROGYはこの経営理念や経営方針を実現するために，人的資本を可視化し，顧客の課題を解決できる人財の獲得と育成を行い，人財の価値創出を最大化する仕組み・環境づくりを行ってきたのです。

　これに対してSCSKの人的資本経営の本質は「社員ファースト」にあるように思います。

　同社の企業理念は，「夢ある未来を，共に創る」ですが，同時に掲げている"3つの約束"の一番目は，「人を大切にします」です。また，同社が目指す「共創ITカンパニー」になるために，人材ポートフォリオの最適化や専門人材の増加などにも取り組んでいますが，「ものをつくる前にまず人をつくる」という㈱パナソニックの創業者である松下幸之助氏が遺した言葉と同じような考えで，「社員全員の健康と成長が事業発展の礎である」と考え，人材を最大の経営資本と捉えています。そのために，同社の人的資本経営は社員の働きやすさと働きがいを追求する健康経営とWell-Being経営という社員ファーストの取り組みが起点となっているのです。

　事例にも記述しましたが，社員ファーストの考えは事業選択の考えにも影響を与えています。一般的に，市場ニーズやトレンドから事業・案件を選択することは当然ですが，同社ではこれに加え，社員の能力を高める機会となる事業や社員の持つ能力を最大限発揮できる事業分野，事業モデルを選択する，という考え方も重要視しています。

　いうまでもなく，これらのことは，BIPROGYが社員を大切にしていない，SCSKが社会や顧客を大切にしていない，ということではもちろんありません。

BIPROGYは，社会や顧客の様々な要求に応えることを通して社員が新たなスキルや行動を獲得し，個が強くなり人材価値を高め，その結果，社員も幸せになるというアプローチですし，SCSKは自グループが保有する人的資本の力を通して社会や顧客が求める新たな価値を共に創造することによって，結果，社会が豊かになり顧客も幸せになるというアプローチなのです。

結果的に両社とも素晴らしい人的資本経営ストーリーが描かれており，社員が成長し，働きがいを感じ，それによって社会や顧客，パートナーとともに持続的に成長するというストーリーは共通しています。

ここから学べるのは，同じ業界に属し，経営課題や人事課題が似たような企業であっても，単に他社の人事施策だけを真似するのではなく，企業独自の成り立ちや価値観を反映させたものにする大切さ，それによって「その企業らしさ」が表現できるということだと思います。すなわち，人的資本経営にはベストプラクティスというものは存在せず，各企業にとって良い人的資本経営というのは，既に自社に組み込まれている価値観や導入されている既存の施策との相乗効果を生み出す施策の延長線上にあるということなのです。

4 事例から学べる人的資本経営のポイント

本章の最後として，事例から学べる人的資本経営のポイントをまとめたいと思います。

(1) 経営戦略と人事戦略の連動

事例から学べる点の1つめは，人的資本経営において特にその重要性が強調される，経営戦略と人事戦略を密接に連動させている点です。これにより，企業が目指す方向性へ人的資本の力を集中させることを可能としています。

各社が特に力を入れているのは，経営戦略を実現するためのケイパビリティ（個人と組織の能力）の獲得です。各社ともこれまでとは異なるケイパビリティの獲得に乗り出しており，そのためにリスキリングや越境学習の考え方を採り入れています。また，各社共通して，会社から与えられる研修プログラムをただ受けるのではなく，会社に必要とされるスキルと自分が今後目指すキャリア

で必要とされるスキルを考えながら自らを成長させる「自律的人材」の育成に注力しています。

(2) 組織文化と価値観の共有

事例から学べる点の2つめは，自社の組織文化や価値観を全社に浸透させることに重点を置いている点です。各社は日々の業務に独自の文化や価値観を組み込むための様々なプログラムやイニシアチブを実施しており，すべての階層の社員がこれらの価値を理解し，実践することにつなげています。例えばANAホールディングスや神戸製鋼所では役員が直接社員と対話する機会を促進したり，社内表彰制度を通してこれらの浸透を図っており，SCSK，サッポロホールディングス，BIPROGYやりそなホールディングスでも，トップをはじめとした経営陣が，自社が目指す組織文化や大切にする価値観について自らの言葉を用いて強く発信しています。

このように各社が組織文化と価値観の共有に力を入れる背景には，各社がダイバーシティ＆インクルージョンを経営の重要な柱であると位置づけていることとも連動しています。

事例企業は，ダイバーシティ＆インクルージョンの取り組みにおいても先進企業です。ダイバーシティには，性別や人種などの目に見えやすい，表層的なダイバーシティと，能力や経験，価値観などの一見しただけではわからない内在的・深層的なダーバーシティがあります（Milliken & Martins, 1996, Harrison et al., 1998, Horwitz & Horwitz, 2007, Lambert & Bell, 2013など）。

事例企業は，性別，国籍，障がいの有無に関わらず，すべての社員が平等にチャンスを得られるような取り組みを実施し，多様な視点を経営に取り入れることで多様な社会のニーズや課題解決につなげ，持続可能な成長を目指しています。

今後私がこれらの各企業に期待するのは，継続した「インクルーシブ・リーダーシップ」向上の取り組みです。企業が今後ますますその多様性を拡大するにつれ，ますますこのリーダーシップが必要になると思うからです。「インクルーシブ・リーダーシップ」というのは，社員一人ひとりの個性を認めながら職場への受け入れを高めるリーダーシップのことをいいます（Shore et al.

第5章　事例から学ぶ人的資本経営を進めるためのポイント　*171*

2011, Randel et. al., 2018 Barak, 2022など)。インクルーシブ・リーダーシップのレベルを測る測定尺度も開発されていますが，この理論に基づく実証研究はまだ少なく，私も企業のマネージャーがインクルーシブ・リーダーシップスキルを高めるプログラムの実効性を今後研究していきたいと考えています。

⑶　創発の場づくり

　企業全体として学び合う場，学び合う文化を創出しようとしている点も事例から学べる点です。

　例えばANAホールディングスの「ANA人財大学」は，社員一人ひとりの力を強化しつつグループ社員の「他流試合」の場ともなっています。SCSKは，プロジェクトベースでのクロスファンクショナルチームを形成したり，全社組織横断の会議体「人材開発会議」にて社内の壁を超えた社員の育成と協働を推進しています。また，各部門に分散している専門的な知見を統合して新たな子会社を設立したのも，その分野の専門家が集まる「場」を創ることによって創発を起こすねらいもあったようです。神戸製鋼所やサッポロホールディングスでは，多様な職種の社員が参加する研修プログラムを通じて，個の強化と協働の文化を育んでいます。BIPROGYは，社内コンペティションを通じて，革新的なアイデアの創出と実行を促しています。りそなホールディングスでは，学習支援システムやタレントマネジメントシステムを導入して，会社と社員双方の成長を推進しています。

⑷　社員エンゲージメントの重視

　社員の意見やフィードバックを尊重し，組織の意思決定に反映させることは，社員のエンゲージメントと職場への満足度を高める上で極めて重要です。社員が自分たちの意見が重視され，組織の発展に貢献していると感じることができる環境を作ることで，社員のエンゲージメントが高まります。企業は，定期的なアンケート，フィードバックセッション，社員参加の意思決定機構などを通じて，このようなコミュニケーションを促進することができます。これにより，職場の問題を迅速に特定し，解決策を実施することが可能になり，組織全体の効率と生産性の向上につながります。

事例に取り上げたすべての企業は，社員意識調査・エンゲージメント調査を行って，社員の意見やフィードバックを重視し，経営に反映させる取り組みを行っています。各社ともサーベイ全体のスコアを見るとともに，それぞれの企業が着目する特定の項目に関する回答状況をチェックしています。例えば，ANAホールディングスでは「ANA's Wayサーベイ」の全体スコアの他に，「職場環境・働きやすさ」，「働く誇り」，「仕事のやりがい，達成感」を見ていますし，SCSKでは「パフォーマンス発揮度」を見ています。他にもBIPROGYは組織ごとにエンゲージメントスコアをチェックするとともに「働き方関連スコア」に着目しています。

(5) 経営陣のリーダーシップ

事例各社に共通して，経営陣，特に企業トップの積極的な人的資本経営への関与が見られます。

例えば，ANAホールディングスではCHROとトップが頻繁に会話を交わしながら人的資本経営の取り組みをリードしています。SCSKでも，同社において"経営戦略そのもの"といえる人的資本経営に経営トップが非常に強くコミットしています。そもそも同社の働き方改革の口火を切ったのは当時の社長である谷原徹氏であり，日経新聞の広告で自社が働き方改革に取り組むことを宣言し，顧客向けのレターを作成のうえ，訪問時に丁寧にその必要性を説明して改革を実現した，強いリーダーシップを発揮されました。サッポロホールディングスでは役員の人的資本経営への関与が強くなり，人的資本経営について議論する頻度がとても多くなったといいます。現在同社では経営戦略を立案する段階から役員が人的資本経営を意識するようになっているそうです。2003年6月にりそなホールディングスの会長にした細谷英二氏は，社内に「りそなWay」を植えつけました。それが現在の経営戦略を進めるうえでの土台となっており，同社では人的資本経営を経営陣がリードするのはあたりまえという考えになっています。さらに神戸製鋼所やBIPROGYでも，社長をはじめ経営陣が機会あるごとに様々な媒体を通して人的資本経営の推進について社内外に向けて宣言しています。

⑹ 人事部門のリーダーシップ

　企業によっては，人的資本経営の大枠のプランは経営企画室で立案し，その実行プランを人事部門が引き受ける，というやり方をしている場合もありますが，事例企業では，人事部門がリーダーシップを発揮して人的資本経営の推進を行っています。私の見るところ，**その際に発揮しているリーダーシップは，人事部門が前面に出て人的資本経営のすべてを仕切る「パワー型」ではなく，"Top management driven, Manager led, HR supported"（経営陣が旗を振り，マネージャーがリードして，人事部門がサポートする）とでも言うべき「パートナー型」です。**

　各企業の人事部門のリーダーは，口を揃えて「人的資本経営の実践は現場のマネージャーの力によるところが大きい」といいます。人事部門は働く環境の整備や教育体系の整備など，会社が目指す姿に到達するための基盤作りやしくみ作りを現場に提供することを通して，マネージャーの人的資本経営の実践力を高める役割を担っています。

　今回の事例企業の中には，いわゆるHRBP（人事ビジネスパートナー）を独立させた組織を持っている企業はありませんでしたが，各社の話を聞いていると，ほぼそれに近い運用をしている企業も多く，恐らく今後はHRBP体制へ移行する企業が出てくるのではないかと感じました。

　サッポロホールディングスの人事部は，現場をサポートする具体的な活動として「人事キャラバン」という，現場に出かけて人事関連のディスカッションをする活動を行っています。この活動を通して，これまでどちらかといえば「パンドラの箱」に仕舞い込まれていたような人事関連の情報もオープンに共有するようにしています。また，りそなホールディングスの人事部も，人事部門に所属する約15人の現場サポート人事メンバーが全国の拠点を回って正社員やパート社員一人ひとりと面談し，現場の所属長が行う人的資本経営の実践をサポートしています。

第 6 章

人的資本の開示は
これからどうなるのか

　本書の最後として，人的資本の開示がこれからどうなるのか，アメリカの動向を概観したうえで私の考えを述べてみたいと思います。

1　第三者認証の動き

　2021年8月，SEC（米国証券取引委員会）のゲンスラー委員長は「企業は，離職率，スキルや開発トレーニング，報酬，福利厚生，健康と安全，多様性（DE&I）を含む人的資本の開示が義務付けられることを期待するべきだ」と，今後さらなる情報開示の用意があることを示唆しています（The Conference Board, 2022）。

　その後2022年8月に，アメリカでは上場企業に対し過去5年間の企業業績と連動した上級管理職報酬の開示が義務づけられたり，ニューヨーク市，カリフォルニア州，コロラド州など多くの州で，小規模企業を除くすべての企業が求人広告に従業員の給与レンジか報酬データを開示する「賃金透明化法（Pay Transparency Laws）」が施行されています。

　また，全米産業審議会における人的資本経営に関する議論では，次のような点が指摘されています（The Conference Board, 2022）。

　・規制当局，投資家，消費者，従業員からの人的資本経営に対する期待の高
　　まりや，事業戦略や人々の働き方の根本的な変化により，企業経営者や取

締役会は人的資本経営にいっそう注力するようになっている。
・株主提案の中には，企業が人的資本に関する情報を，特に給与の公平性，採用，定着の指標として報告するよう求めるものが増えている。

　こうした動きを受けて，2024年3月現在，人的資本の情報開示に関する法案である「S.1815 Workforce Investment Disclosure Act of 2021（S.1815）」が審議されています。この法案には，これまで各企業の判断に委ねられていた人的資本の開示内容が具体的に示されています（**図表6－1**）。

図表6－1 **アメリカにおいて審議中の人的資本開示情報**

分　　類	開　示　項　目
従業員の属性	常勤従業員数，パートタイム従業員数，臨時従業員数（派遣労働者，契約労働者）
	個人事業者，アウトソーシング，インソーシングに関する企業の方針または慣行
	派遣労働者や契約労働者などの臨時労働者の割合の年次推移
従業員の定着に関する情報	自己都合退職率または定着率，会社都合退職率，内部登用率，内部昇進率，内部異動率など
従業員の構成	役員および一般従業員の多様性に関するデータ（人種，民族，性別の構成を含む）
	多様性に関連する方針，監査，関連プログラムへの支出額
従業員の技能と能力	従業員および臨時労働者に対する，コンプライアンス研修，キャリア研修，スキル/技術研修などの受講情報
	従業員および臨時労働者に対する平均研修時間数
	従業員及び臨時労働者に対する研修の総支出額
	従業員または臨時労働者1人あたりの平均教育支出額
	研修受講率
	研修効果（賃金上昇や昇格など）
従業員の健康，安全，Well-being	負傷，身体的・精神的疾患，および死亡の発生件数，重大度，およびそれらによる損失時間
	職場の健康，安全，Well-beingプログラムの範囲，頻度，総支出額
	労働法に基づいて科された罰金の総額
	労働法に基づいて企業に対して提起された措置の総数
	過去5年間のハラスメント件数

	従業員および臨時労働者のために設けられている苦情処理メカニズム
従業員の報酬とインセンティブ	給与，賃金，その他の手当を含む総人件費
	有給休暇，社会保険，育児，退職などを含む福利厚生費
	雇用保険の掛け金総額とその加入者数，解雇した従業員に会社からの失業補償として支払った総額
	昇格基準（業績，生産性，公平性，忍耐力など）に関する方針と慣行
	従業員に提供されるインセンティブやボーナスに関する方針と慣行，およびそのようなインセンティブやボーナスによって生じるリスクに対応するための方針と慣行
従業員の採用	新規求人数，採用活動中の求人数，採用終了後の求人数
	全新規採用数に占める大卒以上の要件を必要とする新規雇用の割合
	新規採用者の質に関する情報
	新規採用者の定着率
従業員のエンゲージメントと生産性	従業員および臨時労働者に対するエンゲージメント，生産性，および精神的Well-beingの考え方と施策
	柔軟性のあるリモートワークなど，出社の自由やワークライフバランスの取り組み

出所：「S.1815 – Workforce Investment Disclosure Act of 2021」をもとに筆者作成

　なお，この法案には，虚偽の記載や重要な事実の記載を省略することは違法であることが明記されており，同時に投資家のために以下の開示についての調査を実施することが明記されています。

・労働法の違反
・労働者の分類
・従業員の満足度，福利厚生，エンゲージメントに関する調査
・中央値を上回る報酬と福利厚生を得ることができる質の高いポジションの数と割合
・最低3年間の人的資本への投資情報

　このような第三者による開示内容の保証のあり方については日本でも議論さ

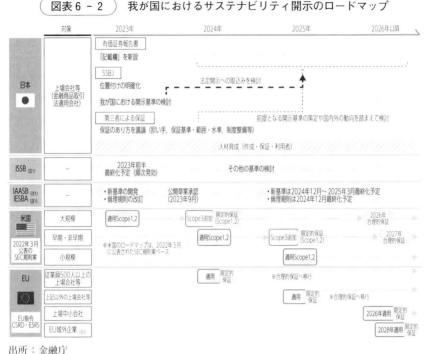

図表6-2 我が国におけるサステナビリティ開示のロードマップ

出所：金融庁

れています。

　有価証券報告書におけるサステナビリティ情報の記載欄新設などを提言した金融審議会（ディスクロージャーワーキング・グループ）が2022年12月に公表した報告において提示した「我が国におけるサステナビリティ開示のロードマップ」（**図表6-2**）にも，第三者による保証のあり方を議論することが盛り込まれています。

　こうした議論が行われている中，1901年に設立された世界最古の国家規格協会であるBSI（British Standards Institution：英国規格協会）は，国際標準化機構（ISO）より発表された人的資本情報開示のガイドラインであるISO 30414について国際的な検証フレームワークに則り検証し，企業による人的資本情報の開示内容に関する保証を行うサービスを始めています。

　BSIはISOの設立メンバーとして活動する規格策定の国際的リーダーであり，

1999年には日本法人であるBSIグループジャパン株式会社を設立しました。

　BSIはISOと強い関係を持っており，日本でも有名なISO9000シリーズやISO14000シリーズはもともとBSIが策定したイギリスの規格が国際標準となったものです。そのサービスは多岐にわたり，マネジメントシステムの認証審査や医療機器認証，ISOなどの規格に関わるあらゆる支援を行っています。

　人材マネジメント領域に関しても，例えばDE&I（ダイバーシティ，エクイティ＆インクルージョン）に関する「PAS 1948」というガイドラインを発表しています。

　「PAS 1948」は，効果的なDEIのフレームワークの開発と導入を検討している組織に向けたガイドラインで，ISOが発行した，多様性ある組織のための国際規格であるISO 30415：2021「人的資源管理－多様性と包括性」，BSIが発行した国際規格であるBS 76000：2015「人的資源－人々を評価する－マネジメントシステム要件とガイダンス」，およびISO 45003「職場における精神的な安全衛生」などのフレームワークの実践的なガイドラインとして使用することができます。

　BSIの人的資本情報開示に関する保証は，企業によって開示された人的資本情報が正確な手続きにより測定されているかを保証するものです。BSIのアプローチでは，開示情報が信用に足るべく，透明性，一貫性を有していることが保証されます。

　2023年5月には，英国のAccountAbilityという組織が発行している，企業などが開示した環境・社会・ガバナンスなどの情報の信頼性を評価するための国際的な保証基準である「AA1000AS v 3」に基づいて，日本情報通信株式会社に対してISO 30414のガイドラインに基づく人的資本情報開示の保証を行っています。

2　人的資本の開示にあたってのポイント

　これまでご説明してきた内容，ならびに人的資本経営をリードする各社の事例をもとにして，人的資本の開示にあたってのポイントに関して私の考えを述べたいと思います。

(1)　人的資本経営のストーリーを明確に記載する

　この点は，本書が生まれた原点です。「人的資本経営キャンバス」をもとに企業の存在意義から人的資本の指標に至るまでのストーリーを，そのつながりを意識しながら整理してください。そして，開示する媒体に合わせて，例えば有価証券報告書であれば，その内容について2,000文字から3,000文字程度を目安にまとめ，統合報告書や企業のホームページではさらに具体的な情報を盛り込んで内容を充実させ，企業の人的資本経営に関する取り組みとその効果をステークホルダーに強く訴えていただきたいと思います。

(2)　人的資本指標の選択理由と目標の根拠を明確にする

　人的資本指標は，企業が自社の人的資本経営を説明する際の最後の項目となりますが，なぜその指標を選択したのかについての理由を明確に説明していただきたいと思います。せっかく充実したストーリーを描いてきても，最後の人的資本指標は開示が義務付けられている項目だけ，というのでは，その本気度を感じることができません。また，指標に対して目標を設定している場合は，その根拠についても説明していただくのが良いと思います。たとえ目標の数値が世間の目を引くようなものでなかったとしても，**達成不可能な数値を掲げるよりも，自社の現状を踏まえた，背伸びをすれば届くような数値のほうが良いのではないか**と私は考えます。さらに，目標とその結果は，時系列情報を開示して最終到達目標に向けての進捗状況を開示することによって，企業の本気度と実行力をステークホルダーに対して示すことができると思います。

(3)　今後の取り組みについての説明を加える

　有価証券報告書には，女性管理職比率，男性の育児休業取得率，男女賃金格差の公表が義務づけられていますが，数値だけを開示するとそれだけが独り歩きしてしまう恐れがあります。例えば女性管理職を高めるためには一般的に内部育成と外部からの採用を併用して行う必要がありますが，内部育成にはある程度の時間がかかりますし，外部から優秀な女性管理職となり得る人材を採用できたとしても，採用までに1年以上かかることも珍しくありません。**ステー**

クホルダーにとって重要なのは，現状の数値以上に，企業がどのようなプランで目標を達成しようとしているのかという企画対応力，およびそのプランを実行できているかどうかという遂行力と責任を果たす力なのです。そこで，単に数値だけを開示するのではなく，注釈や有価証券報告書の本文，あるいは統合報告書その他で補足説明をすることが必要だと考えています。さらにこれは，有価証券報告書の提出義務がない企業にも求められる対応であり，この場合は企業のホームページなどを使って十分な説明が可能かと思います。

⑷　今後含めるのが良いと思う指標

　現在はまだ測定・開示している企業は少数ですが，今後測定・開示が増加することを私が期待しているのは，「総付加価値（営業利益＋付加給付（フリンジ・ベネフィット）を含む人件費）」の推移です。これは，前著ならびに本書で取り上げた構造計画研究所が採用している指標です。この算式を見るとわかるように，総付加価値を高めるには，営業利益を高めるだけではだめで，社員の給料を上げ，福利厚生を良くする必要があります。これだと営業利益を確保するために件費を削る，という発想が通用しないことになります。さらにはこれに教育費を加えても良いかもしれません。

　この考え方は，ISO 30414にある「人的資本ROI」の考え方に似ています。人的資本ROIの算式は「（営業利益＋人件費）÷人件費）×100（％）」で表されます。人件費の何倍の営業利益を上げているかを測る指標ですが，その率を上げようとして分母の人件費を少なくすると分子も同時に少なくなってしまいます。

　こうした指標を掲げて，企業には人に関する投資を増やしながら利益を創出するような経営に取り組んでいただくことを期待します。

⑸　人的資本経営コミュニケーションの推進

　本書の中で，人的資本経営とこれまでの「戦略的人的資源管理」との最も大きな違いは，その取り組みや効果の開示にあるとお伝えしました。人への投資というすばらしい活動とその効果が社内外に認知されることによって，社外の投資家や求職者からの関心が高まり，また，社員がやる気を高めて所属企業の

持続的成長に貢献するのです。各社の統合報告書やホームページを見ると，多くの情報が掲載されています。これ自体は素晴らしいことですが，この素晴らしい情報を作成したままにしておくのはとてももったいないことです。

　株式を公開している企業は，投資家向けの説明会を定期的に開催して人的資本経営の取り組みについても説明する機会を設けていますが，上場企業を含むほとんどの企業において，自社の社員向けの説明会を開いたり，社員教育に組み込んだりしている取り組みはまだ一部の企業しか行っていないようです。

　ぜひとも本書の「人的資本経営キャンバス」を活用しながら，自社の人的資本経営についての社員の認知を向上させ，それにより社員のエンゲージメントを高めて企業の成長につなげていただきたいと思います。

　上場企業に対して義務化された，女性管理職比率，男性の育児休業取得率，男女賃金格差の公表は，長年言われ続けてきたにもなかなか改善が見られなかったこれらの状況改善の大きな一歩になると期待できます。私としては，早期にその開示対象企業の範囲を広げたほうが良いと考えています。

　それは，人や組織には，「周囲を見て自分を正す」というモデリング（模倣）の力が働くからです。これは，社会的学習理論といい，アルバート・バンデューラ（Albert Bandura）によって提唱された理論で，人が他者の行動，態度，結果の観察を通じて学習するという考えに基づいています。この理論では，モデリングや観察学習が重要な役割を果たし，人々は周囲の人々が行動する様子を見て，それを模倣することで自分の行動を調整します。この他にも，規範的社会影響という，個人が社会的承認を得たいという欲求に基づいて行動を変えるという概念も影響しそうです。人々は，グループ内で受け入れられ，価値を認められるように，他人の行動を参考にして自分の行動を調整します。これには，「適合性」という動機が関係しており，人々は集団の規範や期待に合わせて行動を変えることがあるのです。

　したがって，まず模倣されるにふさわしい「参照元」を用意し，それを参照する「周囲」はモデリング学習をしながらより良い行動へと自分の行動を調整します。そこで「周囲」が増えれば増えるほど，そのグループはネットワーク

的に拡大するので，良い行動が広がっていきます。

　本書に登場いただいた 7 社は，優れた「参照元」にあたります。そして読者の皆さんは「周囲」にあたります。

　すなわち，本書をお読みいただいた，特に人的資本経営をリードする経営者や人事部門の方々は，既にモデリング学習に入っているのです。「カチッ」というスイッチが入った音が聞こえたのではないでしょうか。

　ぜひ今日から，できるところから始めてください。

あとがき

　コンサートやスポーツなどで感動した観客が総立ちで盛大な拍手喝采をおくるスタンディング・オベーション。アメリカの経済学者であるミラーとペイジ（Miller & Page, 2009）は，スタンディング・オベーションが生じる条件を次のように説明しています。

　それは，①聴衆の中で皆から見える位置にいる1人か2人が非常に感動し，最初に立ち上がること。②他の聴衆のうち相当の割合の人々が，誰かが始めてくれたら自分も立ち上がろうという気分になること。③立ち上がっていない人は立ち上がった人々からプレッシャーを感じること，です。

　人への投資を行い，その価値を最大限に引き出すことで中長期的な企業価値向上につなげる経営のあり方である人的資本経営を日本中の企業に拡げていくには，このスタンディング・オベーションのような現象を引き起こす必要があります。

　幸い，私の前著ならびに本書でご紹介したように，誰もが知っているようなネームバリューの高い企業が，この経営の在り方に共感し，立ち上がってくれています。そして今，そうした先進企業の取り組みに続くように，大企業はもとより，中堅・中小企業でも相当数の企業が立ち上がろうという気分を持ちつつあります。しかしまだまだスタンディング・オベーションの波につながるような割合にまでは至っていません。

　本書を手に取ってくださった皆さんには，ぜひとも立ち上がって輪に加わっていただきたいと願っております。

　本書の刊行にあたっては，非常に多くの方々から教えを受け，ご支援をいただきました。

　株式会社構造設計研究所ホールディングスの取締役兼執行役の木村香代子氏には，前著に続き同社の素晴らしい人的資本経営の取り組みについて教えていただきました。また，同社の取締役兼代表執行役である服部正太氏からも，「当社が大きくなることよりも当社のような企業が増えてほしい」と，同社の取り

あとがき　*185*

組みについて惜しげもなく情報公開をしていただきました。

　CHROFY株式会社の代表取締役社長である滝本訓夫氏，同社のコンサルタントの福田さやか氏とは，どのように人的資本情報の測定と開示を行えば真の企業ニーズを満たし，企業の成長につながるかに関して幾度となく議論をさせていただきました。

　BSIグループジャパン事業企画本部本部長の吉田太地氏と同事業開発部Social & Governance Solution Leadの今井晴香氏には，人的資本情報の第三者認証の最新の動向を教えていただきました。

　本書の主な狙いは，人的資本経営という概念に感動し，多くの聴衆の中から真っ先に立ち上がった企業の取り組み事例を共有し，さらに多くの聴衆の立ち上がりにつなげていくことにありました。

　この狙いに賛同いただいた，ANAホールディングス株式会社の臼田洋樹氏，ANA人財大学の能智史枝氏，SCSK株式会社の河辺恵理氏，井出和孝氏，神戸製鋼所の田辺圭氏，岩本優太氏，コベルコビジネスパートナーズ株式会社の吉川哲也氏，金井一信氏，サッポロホールディングス株式会社の内山夕香氏，BIPROGY株式会社の安斉健氏，宮森未来氏，株式会社りそなホールディングスの関口英夫氏，九鬼至留氏はじめ，そうしたすばらしい企業とのご縁をつないでくださった皆さんにこの場を借りてお礼を述べたいと思います。

　人的資本経営というのはただ1つの正解があるわけではなく，各企業がそれぞれの理念や戦略に応じてストーリーを構築していくものです。それゆえに，多くの素晴らしい取り組みをしている企業の事例を勉強して，そこに共通するメカニズムのようなものを研究者として把握していくという地道な作業が必要になります。

　前田貴規氏，大西孝治氏をはじめとした（公財）日本生産性本部の皆さんには，「人的資本経営の測定・開示ワーキンググループ」を設置していただき，そこで本書で事例紹介させていただいた企業を含む多くの企業を対象にインタビューや質問紙調査を実施する機会をいただきました。さらにはそのワーキンググループで，アカデミック側のメンバーとして共に活動していただいた，私が勤務する大学院の同僚である浅野浩美先生，兵庫県立大学大学院の内田康郎先生にもお礼を述べたいと思います。浅野先生は，ご専門が人的資源管理論を

中心とされていることから私と問題意識を共有する部分も多く，人的資本経営が企業業績に与えるメカニズムやその調査などについて数多くの議論をさせていただきました。また私が尊敬する先輩研究者であり長年の友人でもある内田先生は経営戦略分野をご専門としており，経営戦略の視点で人事戦略を考える重要性を改めて教えていただきました。

　また，本書をきっかけに素晴らしい再会の機会にも恵まれました。私に直接研究をご指導くださった師は，組織行動学の高木晴夫先生（現，名古屋商科大学ビジネススクール教授），人的資本管理論の八代充史先生（現，慶應義塾大学教授）ですが，同時に私の心の中の師である金井壽宏先生（現，立命館大学教授）と平野光俊先生（現，大手前大学学長）にお会いすることができました。ご縁に感謝です。

　株式会社中央経済社の市田由紀子氏には前著に引き続き数々のアドバイスと編集の労をお取りいただきました。ありがとうございました。

　私の能力不足ゆえに，本書への掲載をご快諾いただいた各企業のすばらしい取り組みをすべて紹介しきれたわけではないかもしれませんが，今後の研究を通して本書では伝えきれなかった諸点について触れていくということでご容赦いただき，この機会をお借りして，ここにお名前を紹介できなかった方々を含めすべての方々に対して改めて謝意を申し上げます。

　私が本書を書き進めている間にも，人的資本経営の推進に向けて人々が次々と立ち上がっています。しかしスタンディング・オベーションで日本全体を包み込むにはまだまだこれからです。この動きが止まらないように，そして，日本が世界に誇る経営モデルとして発信していけたなら，これほど素敵なことはありません。

　最後に，前著に続き，平日に居を構える新潟から週末に東京の実家に戻っても相変わらずスキマ時間を見つけては執筆を続けている私を，何もいわずに集中させてくれた家族に，感謝を伝えたいと思います。

　2024年7月

東京の自宅にて

一守　靖

参考文献

[日本語文献]（著者50音順）

浅野浩美・一守靖（2023a）「有価証券報告書の記述と企業の人的資本に関する取り組みとの関連についての一考察」経営情報学会　2023年　全国研究発表大会

浅野浩美・一守靖（2023b）「人的資本の測定と開示が企業経営に与える影響について―日系企業に対するヒアリング調査とアンケート調査報告―」人材育成学会第21回年次大会

アレックス・オスターワルダー，イヴ・ピニュール（2012）『ビジネスモデル・ジェネレーション：ビジネスモデル設計書』翔泳社

一守靖（2016）『日本的雇用慣行は変化しているのか：本社人事部の役割』慶應義塾大学出版会

一守靖（2022）『人的資本経営のマネジメント：ヒトと組織の見える化とその開示』中央経済社

上野泰也（2020）「コロナ禍を経て，「飲みニケーション」はいよいよ絶滅する？」日経ビジネス，2020年6月2日

株式会社神戸製鋼所　統合報告書2023　2023年3月期有価証券報告書　データブック2023

　同社ホームページ　https://www.kobelco.co.jp/（2023年9月27日）

株式会社りそなホールディングス　ディスクロージャ誌（統合報告書）2023　2023年3月期有価証券報告書

　同社ホームページ　https://www.resona-gr.co.jp/index.html

株式会社BIPROGY　統合報告書2023　2023年3月期有価証券報告書

　同社ホームページ　https://www.biprogy.com/

金融庁（2023）「企業内容等の開示に関する内閣府令等改正の解説」

経済産業省（2020）「持続的な企業価値の向上と人的資本に関する研究会報告書～人材版伊藤レポート～」

サッポロホールディングス株式会社　統合報告書2022　2022年12月期（第99期）有価証券報告書

　同社ホームページ　https://www.sapporoholdings.jp/

内閣官房・非財務情報可視化研究会（2022）人的資本可視化指針

日本経済新聞「鉄道業と銀行業，経営のABCは同じ」（細谷英二氏の経営者ブログ）

2010年 8 月28日朝刊

日本経済新聞「パーパスとは「存在意義」会社が自ら定義」2021年11月29日朝刊

日本経済新聞「ESG投資が初の減少　2022年，成績低迷・基準厳格化で」2023年11月29日朝刊

日本生産性本部（2023）「2023年 3 月末決算企業の有価証券報告書「人的資本開示」状況（速報版）」 https://www.jpc-net.jp/research/detail/006510.html（2023年 9 月 5 日閲覧）

日本総研（2023）「サステナビリティ・人的資本情報開示状況調査（2023年度）第 3 回人的資本編①」 https://www.jri.co.jp/column/opinion/detail/14384/

[英語文献]（著者アルファベット順）

ANAホールディングス　統合報告書2023　2023年 3 月期有価証券報告書 同社ホームページ　https://www.ana.co.jp/group/

Barak, M. E. M. (2022). *Managing Diversity : Toward a Globally Inclusive Workplace*. Sage Publications.

Becker, Gary. S. (1975). *Human Capital*, Chicago and London, The University of Chicago Press（佐野洋子訳（1976）『人的資本』東洋経済新報社）

Bloom, N., Eifert, B., Mahajan, A., McKenzie, D., & Roberts, J. (2013). Does Management matter ? Evidence from India. *The Quarterly Journal of Economics*, 128 (1), 1-51.

Boxall, P., & Purcell, J. (2003). *Strategy and Human Resource Management*. Hampshire, England : Palgrave Macmillan.

BSIホームページ　https://www.bsigroup.com

Chandler, A.D. (1962). *Strategy and Structure : Chapters in the History of American Industrial Enterprise*. London, England : MIT Press.

CIPD (2023) "EFFECTIVE WORKFORCE REPORTING Improving people data for business leaders"

Elbannan, M.A., & Farooq, O. (2016). Value Relevance Of Voluntary Human Capital Disclosure : European Evidence. *Journal of Applied Business Research* (JABR), 32(6), 1555-1560.

Goffman, E. (2008). *Behavior in Public Places*. Simon and Schuster.（丸木恵祐・本名信行訳（2017）『集まりの構造　新しい日常行動論を求めて』誠信書房）

Harrison, D.A., K.H. Price and M.P. Bell. (1998). Beyond Relational Demography : Time and The Efforts of Surface and Deep-Level Diversity on Work Group

Cohesion. *Academy of Management Journal.* 41(1), 1998, pp.96-107.

Horwitz, S.K., & Horwitz, I.B. (2007) The Effects of Team Diversity on Team Outcomes: A Meta-Analytic Review of Team Demography, *Journal of Management,* 33(6), pp.987-1015.

Lembert, J.R., & Bell, M.P. (2013). Diverse forms of difference. The Orford handbook of diversity and work, 13-31.

Miles, R.E., & Snow, C.C. (1984). Designing Strategic Human Resources. *Systems Organizational Dynamics,* Summer, pp.36-52.

Miller, P. (2010). *The Smart Swarm : How understanding flocks, schools, and colonies can make us better at communicating, decision making, and getting things done.* Avery Publishing Group, Inc. (土方奈美訳 (2010)『群れのルール　群衆の叡智を賢く活用する方法』東洋経済新報社)

Miller, J.H., & Page, S.E. (2009). *Complex Adaptive Systems : An Introduction to Computational Models of Social Life : an introduction to computational models of social life.* Princeton university press.

Milliken, F.J., & Martins, L.L. (1996). Searching for Common Threads : Understanding the Multiple Efforts of Diversity in Organizational Groups. *Academy of Management Review.* 21(2), pp.402-433.

Nishii, L.H., Lepak, D.P., & Schneider, B. (2008). Employee Attributions of the "Why" of HR Practices, *Personnel psychology,* 61(3), 503-545.

OCEAN TOMO (2020). Intangible Asset Market Value Study.

Ployhart, R.E., Moliterno, T.P. (2011). "Emergence of the human capital resource : a multilevel model. *Academy of Management Review,* 36 : 1, 127-150.

O'Reilly III, C.A., Chatman, J., & Caldwell, D.F. (1991). People and organizational culture : A profile comparison approach to assessing person-organization fit. *Academy of Management Journal,* 34(3), 487-516.

Osterwalder, A., & Pigneur, Y. (2010), Business Model Generation : a Handbook for Visionaries, Game Changers, and Challengers (Vol. 1) John wiley & Sons (小山龍介訳 (2012)『ビジネスモデル・ジェネレーション　ビジネスモデル設計書ビジョナリー，イノベーターと挑戦者のためのハンドブック』翔泳社)

Ployhart, R.E. and Moliterno, T.P. (2011). 'Emergence of the human capital resource : a multilevel model. *Academy of Management Review,* 36 : 1, 127-150.

Porter, M.E. (1980). *Competitive Strategy.* New York : Free Press.

Randel, A.E., Galvin, B.M., Shore, L.M., Ehrhart, K.H., Chung, B.G., Dean, M.A., &

Kedharnath, U. (2018). Inclusive Leadership: Realizing Positive Outcomes through Belongingness and Being Valued for Uniqueness. *Human Resource Management Review*, 28(2), 190-203.

REGIONAL CAREER ウェブサイト　企業TOPインタビュー「学術界と産業界をブリッジするデザイン＆エンジニアリング企業」

Robbins, P.S. (1997). *Essentials of Organizational Behavior*, Prentice Hall International, Inc.（髙木晴夫訳（2009）『新版：組織行動のマネジメント』ダイヤモンド社）

S.1815 - Workforce Investment Disclosure Act of 2021
https://www.congress.gov/bill/117th-congress/senate-bill/1815/text

Schein, E.H. (1983). The role of the founder in creating organizational culture. *Organizational Dynamics*, 12(1), 13-28.

SCSK株式会社　統合報告書2023　2023年3月期有価証券報告書
同社ホームページ　https://www.scsk.jp/

Seligman, M.E. (2011). *Flourish: A Visionary New Understanding of Happiness and Well-being*. Simon and Schuster.（宇野カオリ監訳（2014）『ポジティブ心理学の挑戦："幸福"から"持続的幸福"へ』ディスカバリー・トゥエンティワン）

Shore, L.M., Randel, A.E., Chung, B.G., Dean, M.A., Holcombe Ehrhart, K., & Singh, G. (2011). Inclusion and Diversity in Work Groups: A Review and Model for Future Research. *Journal of Management*, 37(4), 1262-1289.

Tanaka, M., Kameda, T., Kawamoto, T., Sugihara, S., & Kambayashi, R. (2022). Managing Long Working Hours Evidence from a Management Practice Survey. *Journal of Human Resources*, 0421-11605R2.

The Conference Board (2022) "*Telling the Human Capital Management Story - Toward a Strategic Competitive Advantage*"

Trompenaars, F. and Hampden-Turner, C. (2012) *Riding the Waves of Culture - Understanding Diversity in Global Business*, Clerkenwell, London.

[著者紹介]

一守　靖（いちもり やすし）

事業創造大学院大学　事業創造研究科教授。
専門は人材・組織マネジメント。

アカデミックの領域では，青山学院大学大学院国際マネジメント研究科非常勤講師，富山大学大学院経済学研究科非常勤講師を歴任し，現在，法政大学経営大学院イノベーション・マネジメント研究科兼任講師，慶應義塾大学産業研究所共同研究員を兼務。

ビジネスの領域では，国内上場企業のほか，日本ヒューレット・パッカード，シンジェンタジャパン，ティファニー・アンド・カンパニー・ジャパン，日本NCR，bitFlyerにて人事・総務部門の責任者を歴任し，現在，企業の人事制度設計や人材育成を支援するピープルマネジメントコンサルティング代表。

慶應義塾大学博士（商学）。

主要業績に，『ベンチャリングの組織論』（共著，PHP研究所，2002年），『日本的雇用慣行は変化しているのか』（単著，慶應義塾大学出版会，2016年），「人事部機能の集権化・分権化の方向性とその課題：日系企業と外資系企業の比較から」（単著，『日本労働研究雑誌』，2018），「従業員は職場に戻るのか─ベンチャー企業A社の事例を通した考察─」（単著，『産業・組織心理学研究』，2021），『人的資本経営のマネジメント：人と組織の見える化とその開示』（単著，中央経済社，2022年）など。

連絡先：yasushi.ichimori@peoplemgmt.org

人的資本経営ストーリーのつくりかた
― 経営戦略と人材のつながりを可視化する

2024年9月5日　第1版第1刷発行

著　者　一　守　　　　靖

発行者　山　本　　　継

発行所　㈱中　央　経　済　社

発売元　㈱中央経済グループ
　　　　パ ブ リッ シ ン グ

〒101-0051　東京都千代田区神田神保町1-35
電話　03 (3293) 3371 (編集代表)
　　　03 (3293) 3381 (営業代表)
https://www.chuokeizai.co.jp
印刷／昭和情報プロセス㈱
製本／㈲ 井 上 製 本 所

©2024
Printed in Japan

＊頁の「欠落」や「順序違い」などがありましたらお取り替えいた
しますので発売元までご送付ください。(送料小社負担)

ISBN978-4-502-50901-8　C3034

JCOPY〈出版者著作権管理機構委託出版物〉本書を無断で複写複製 (コピー) す
ることは，著作権法上の例外を除き，禁じられています。本書をコピーされる場合
は事前に出版者著作権管理機構 (JCOPY) の許諾を受けてください。
JCOPY〈https://www.jcopy.or.jp　eメール：info@jcopy.or.jp〉